Sonja Ulrike Klug

Chartres kompakt

Chartres kompakt

Die gotische Kathedrale im Überblick

Sonja Ulrike Klug

Bibliografische Information der Deutschen Nationalbibliothek:

Die Deutsche Nationalbibliothek verzeichnet diese Publikation in der Deutschen Nationalbibliographie; detaillierte bibliografische Daten sind im Internet über http://dnb.d-nb.de abrufbar.

Copyright © Dr. Sonja Ulrike Klug, Kluges Verlag,
Menzenberger Str. 22, 53604 Bad Honnef (Deutschland)

Alle Rechte vorbehalten
ISBN: 978-3-9810245-8-6 (Printausgabe)

Dieses Buch ist auch als E-Book erhältlich.

2022

Herstellung: Amazon Distribution GmbH

Das Werk einschließlich aller seiner Texte und Abbildungen ist urheberrechtlich geschützt. Jede Verwertung außerhalb der engen Grenzen des Urheberrechts ist ohne ausdrückliche Zustimmung und schriftliche Genehmigung des Verlags unzulässig und strafbar.
Das gilt insbesondere für Vervielfältigungen, Übersetzungen in andere Sprachen, Mikroverfilmungen sowie die Einspeicherung und Verarbeitung in elektronischen Systemen.

Das Layout dieses Taschenbuchs basiert auf der Formatvorlage „Mindset" von Dominik Braun.

Einbandgestaltung: Aurélie Girod unter Verwendung von Fotos von jy cessay/Fotolia, Rolf Kranz/Wikipedia, Nina Aldin Thune/Wikipedia, Sebastian Schröder und Dr. Sonja Ulrike Klug

Inhalt

Vorwort	7
1. Die Entwicklung der Kathedrale	9
Die vorchristlichen Ursprünge	10
Die erste christliche Kirche	16
Die zweite und die dritte Kirche	24
Die vierte Kirche, der romanische Fulbert-Bau	27
Die fünfte Kirche, die gotische Kathedrale von heute	35
Bauliche Aktivitäten in der Neuzeit	43
2. Architektur und Geometrie	49
Der gotische Baustil	50
Grund- und Aufriss der Kathedrale	54
Die Bedeutung der Geometrie für den Kirchenbau	58
Die astronomische Ausrichtung des Kirchenschiffs	66
Geobiologische und geomantische Besonderheiten	69
3. Das Äußere der Kathedrale	74
Der Tempel der Wiedergeburt	75
Die beiden Türme und die Westfassade	76
Engel, Esel und Schwein auf der Südwestseite	80
Das Königsportal	84
Das Nordportal	93
Das Südportal	99

4. Das Innere der Kathedrale — 105
Wandaufbau und Pfeiler — 106
Das Labyrinth — 108
Die Chorschranke und Notre-Dame-du-Pilier — 116
Die Glasfenster — 118
Ausklang von Chartres – Einklang für den Menschen von heute — 134

5. Anhang — 136
Literatur — 137
Über die Autorin — 140
Empfehlenswerte Bücher — 141

Vorwort

Chartres unterscheidet sich von vielen anderen gotischen Kathedralen. Das spürt jeder, der einmal dort gewesen ist. In Chartres wirken besondere Energien. Sie laden die Menschen, die sich einige Zeit in das nähere Umfeld der Kathedrale oder in ihr Inneres begeben, mit starken Kräften auf.

Chartres ist die Kathedrale der Wiedergeburt des Menschen – der Wiedergeburt in ein höheres Bewusstsein, in das Christusbewusstsein. Während in vielen anderen Kirchen Symbole des Todes eine besondere Rolle spielen, ist dies in Chartres nicht der Fall: Kein Bischof oder hoher Würdenträger wurde jemals hier beerdigt, und Darstellungen des Gekreuzigten finden sich nur ausgesprochen spärlich. Stattdessen weist vieles auf die Wiedergeburt des Menschen hin: *Notre-Dame de Chartres* ist der Jungfrau Maria und außerdem Johannes dem Täufer geweiht, denn die Taufe ist das Zeichen für die Wiedergeburt. Die Symbolwelt in Chartres ist auf die Wandlung des Menschen und auf seine Erhöhung ausgerichtet, und dies, wie es scheint, schon von den frühesten vorchristlichen Anfängen her.

Die Kathedrale ist in ihrer Gesamtkonzeption wie auch in all ihren baulichen Details – bis weit in die nicht sichtbaren Bereiche hinein – „durchkomponiert". Nichts wurde hier dem Zufall überlassen, nichts ist einfach nur Dekor oder überflüssiger Zierrat. Doch muss sich das Auge des modernen Besuchers erst daran gewöhnen, muss wieder „sehen" lernen, um sich die ganze Bilder- und Symbolwelt, die ungewohnte Erhabenheit, Klarheit und Schönheit des Gebäudes zu erschließen.

Dieser kleiner Führer möchte dem Besucher der Kathedrale eine Orientierung geben. Er erläutert die Geschichte ebenso wie einige wesentliche Merkmale des gotischen Baus. Außerdem möchte er auf die Kräfte hinweisen, die hier im Hintergrund wirken. Neben dieses „Wissen" sollte das unmittelbare „Erleben und Erfahren" von Chartres treten. Denn erst der persönliche Besuch ermöglicht es, selbst mit den Energien der Kathedrale in Kontakt zu kommen. Viel Freude dabei wünscht Ihnen die Autorin

Dr. Sonja Ulrike Klug						Bad Honnef, 2022

1. Die Entwicklung der Kathedrale

*Bischof Fulbert predigt der Menge im romanischen Bau
(André de Micy, 11. Jhrt.)*

Für die Baugeschichte von Chartres werden im Allgemeinen „fünf Kirchen" angegeben. Dies ist möglicherweise nicht ganz korrekt, entspricht aber dem, was sich historisch über beinahe zwei Jahrtausende hinweg noch einigermaßen verlässlich rekonstruieren lässt. Denn die frühen Kirchenbauten von Chartres lassen sich heute nicht mehr nachweisen; ihr Vorhandensein kann nur noch indirekt aus wenigen erhaltenen Schriften erschlossen werden. Wahrscheinlich hat es mehr als nur fünf zeitlich aufeinander folgende Bauten in Chartres am heutigen Ort der Kathedrale gegeben. Doch die Ursprünge von Chartres wie auch diejenigen des heutigen Ortes, an dem die Kathedrale steht, reichen weit in die vorchristliche Zeit zurück.

Die vorchristlichen Ursprünge

Chartres lag im Gebiet des keltischen Stammes der Carnuten (kelt. *carns* = „Altar", *cairns* = „Felsen"), die der Stadt ihren Namen gaben (*Carnut-Is*); in der Römerzeit wurde die Stadt *Autricum* genannt, eine Ableitung von *Autura*, dem keltischen Name der *Eure*, also des Flusses, an dem Chartres liegt; im Mittelalter hieß die Stadt *Carnotum*. Die keltische Kultur wird von der Wissenschaft allgemein in die Zeit zwischen etwa 800 bis 50 vor unserer Zeitrechnung datiert, was aber nicht unbedingt richtig sein muss. Es sind die sogenannten „Artefakte" aus diesem Zeitraum (Alltagsgegenstände, Grab- und Wohnstätten usw.), auf denen die heute übliche Datierung der Archäologie beruht. Möglich ist jedoch, dass die keltische Kultur weitaus älter ist und viel weiter in die vorchristliche Zeit zurückreicht, als es die Wissenschaft derzeit nachweisen kann.

Von der keltischen Kultur wissen wir nicht sehr viel, weil die Kelten keine schriftlichen Aufzeichnungen hinterlassen haben. Noch weniger Gesichertes wissen wir von dem Ort der heutigen Kathedrale und der Stadt Chartres selbst. So müssen wir uns auf Legenden und auf einige wenige Überlieferungen aus späteren Zeiten verlassen, um die vorchristlichen Ursprünge der Kirche zu erkunden.

Samotes, der erste König und Gesetzgeber der Gallier bzw. Kelten, soll die Gomeriten, die Nachfahren von Noahs Sohn Japhet, nach Gallien geführt haben, wo sie eine Kolonie in der Mitte des Landes anlegten, die spätere Stadt Chartres. Der römische Feldherr Cäsar, der bekanntlich die Kelten und die Germanen unterwarf und ihr Territorium dem Römischen Reich einverleibte, schildert die Druiden in seinem bekannten Werk *De Bello Gallico (Über den gallischen Krieg)* als weise Priester, deren große Gelehrsamkeit Ursache für den hohen Wissensstand der Carnuten war.

Bemerkenswert ist der Hinweis Cäsars auf die astronomischen Kenntnisse der Druiden, die durchaus als „Priesterastronomen" bezeichnet werden können. Die Priester vieler vorchristlicher Kulturen waren in der Lage, anhand der Beobachtung der Gestirne die Zeit zu messen, also die Länge des Tages wie auch der Monate und des Jahres zu bestimmen. Im Wort „Tempel" steckt das lateinische Wort für Zeit, *tempus*; es weist noch darauf hin, dass heilige Stätten nicht nur religiösen Zwecken, sondern oft auch der Zeitmessung dienten. Voraussetzung dafür war, dass sie auf einer Anhöhe, einem Berg oder einem Hügel lagen, denn so konnten Visierlinien zu anderen benachbarten Hügeln oder Bergen gezogen werden, die für die genaue Bestimmung des Sonnenauf- und -untergangs, der Sommer- und Wintersonnenwende wie auch der Frühlings- und Herbst-Tagundnachtgleiche und der Mondumläufe notwendig waren. Die heutige Kathedrale von Chartres liegt – wie viele andere Kirchen in Europa – auf einer solchen Anhöhe, einem Kalksteinhügel. Er mag bei den Kelten als religiöser Versammlungsort, als Gerichtsplatz, als Lehrstätte für die Ausbildung jüngerer Priester, als Heilstätte für Kranke und/oder als zentraler Orientierungspunkt für astronomische Messungen gedient haben.

Steinkreise, wie wir sie von den frühen Megalith-Kulturen her kennen, erfüllten oft astronomische Funktionen. Der bekannteste uns überlieferte Steinkreis ist Stonehenge, dessen Steinsetzungen klare Bezüge zur Sommer- und Wintersommerwende sowie Visierlinien erkennen lassen. Eine Beziehung zwischen der keltischen Kultur und der vorchristlichen Megalith-Kultur ist möglich, aber wissenschaftlich nicht erwiesen. Viele Megalith-Denkmäler sind tausend oder mehr Jahre älter, als das Keltentum derzeit datiert wird. In der Umgebung von Chartres finden sich an vielen Orten Denkmäler der vorchristlichen Megalith-Kultur; etliche Steinkreise wurden bereits im 19. Jahrhundert schriftlich dokumentiert. Von daher ist es möglich, dass am Ort der heutigen Kathedrale vor drei- oder viertausend Jahren ein Steinkreis oder ein Dolmen stand. Es ist davon auszugehen, dass viele christliche

Kirchen in Europa auf dem Boden früherer vorchristlicher bzw. „heidnischer" Kultstätten der Megalith-Zeit errichtet worden sind; Chartres wäre hier kein Einzelfall.

Im Hinblick auf die Kelten in Chartres berichtete Bischof Érard de la Marck im 16. Jahrhundert, dass die Druiden das Ende ihrer eigenen keltischen Kultur voraussahen. Sie wussten – durch den Kontakt mit anderen Mysterienstätten des Altertums wie auch durch hellseherische Kräfte –, dass mit dem Christentum ein neues Zeitalter heraufdämmerte. Dies stellte der Kirchenhistoriker Sébastien Rouillard 1609 in Form eines Bildes dar. Gezeigt wird darauf, wie Priester die Jungfrau Maria mit dem Kind verehren, die auf einem eichenbestandenen Hügel in einer Art Grotte positioniert ist. Zu ihren Füßen findet sich die Bezeichnung „Altar der Druiden" *(l'Autel des Druides)*.

Auch im Hinblick auf Maria gibt es einen Bezug zur vorchristlichen Zeit. Bereits im 19. Jahrhundert fand man in Chartres gallorömische Tonfiguren einer Muttergestalt, die mit einem oder mit zwei Kindern auf dem Arm dargestellt wird. Die Verehrung einer solchen „Muttergöttin", der „großen Mutter", ist in vielen Kulturen rund um die Welt verbreitet, die archetypisch das ewig-weibliche Prinzip aller Religionen und Kulturen verkörpert und auf das Prinzip der Geburt und der Wiedergeburt des Menschen verweist.

Noch heute existiert in der Krypta eine schwarze Madonna *(La-Vierge-de-Sous-Terre)*, die ein getreues Nachbild der Jungfrau sein soll, wie sie die Druiden in vorchristlicher Zeit verehrt hätten (siehe Abb. 1, S. 14). Die heutige Figur aus Birnbaumholz ist die Nachbildung eines

Die vorchristlichen Ursprünge

Originals, das während der Französischen Revolution zerstört wurde. Ein auffälliges Merkmal kennzeichnet diese Jungfrau: Ihre Krone besteht aus Eichenblättern – ein Motiv, das im christlichen Umfeld eher ungewöhnlich ist, aber umso mehr auf das Keltentum verweist.

Abb. 1: Notre-Dame-de-Sous-Terre, Statue der Schwarzen Madonna in der Krypta (aus Birnbaumholz)

Es wird überliefert, dass bereits die Kelten am Ort der heutigen Kathedrale einen Brunnen mit heilender Wirkung, *Le-Puits-des-Saints-Forts* („Brunnen der starken Heiligen"), gekannt haben sollen; man beachte den gleichen Wortstamm von „heil" und „heilig". Dieser Brunnen bestand in christlicher Zeit weiter fort, und er soll insbesondere Bischof Fulbert veranlasst haben, die Krypta der Kirche im 11. Jahrhundert zu einem Ort der Heilung auszubauen. Bis ins 13. Jahrhundert hinein hielten sich Kranke neun Tage und Nächte in der Krypta in der Nähe des Altars der Jungfrau auf, um geheilt zu werden. Zu ihrer Betreuung gab es einen besonderen Orden.

Erst der Klerus des 17. Jahrhunderts hielt das Trinken des heilbringenden Wassers für einen heidnischen Brauch und ließ den Brunnen zuschütten sowie im oberen Bereich zerstören. Über mehrere Jahrhunderte hinweg geriet sein Standort völlig in Vergessenheit. 1901 entdeckte René Merlet seinen wahren Standort wieder: Er befindet sich in der Krypta in der Höhe des Chorumgangs auf der nördlichen Seite (siehe Abb. 3, S. 23) in unmittelbarer Nähe eines gallorömischen Mauerrestes, ist aber heute für Besucher nicht mehr zugänglich. Stattdessen wurde an anderer Stelle ersatzweise in der Krypta ein Brunnen gegraben, der jedoch kein Wasser führt. Merlet stellte fest, dass die Fundamente des Brunnens viereckig sind, was auf keltische Ursprünge hindeutet, der obere Teil aber rund ist, was auf spätere Überbauungen in römischer Zeit verweist. Der Brunnen hatte nach Merlet eine Tiefe von 33 Metern, gemessen vom Fußboden der Krypta aus; hinzu kommt der Wasserspiegel, der noch einmal eine Höhe von etwa drei Metern hatte.

Die erste christliche Kirche

Wie wurde Chartres christlich? Erneut müssen wir in Ermangelung gesicherten Wissens die Legende bemühen: Josef von Arimatheia, der Onkel von Jesus, wurde von einem Engel beauftragt, das von Christus beim letzten Abendmahl gebrauchte Gefäß, den Heiligen Gral, westwärts zu tragen, bis er einen Ort fände, wo sein Stab, in die Erde eingepflanzt, blühte. An dieser Stelle sollte der Gral seine Heimat finden. Josef und seine Begleiter brachen von Palästina auf und kamen auf dem Weg nach England, genauer gesagt nach Avalon, das heutige Glastonbury, auch in Chartres vorbei. Beeindruckt von dem Ort Chartres – möglicherweise auch von der dort schon vorhandenen Kultstätte oder der Verehrung der Jungfrau durch die Druiden – sandten sie einen Boten nach Ephesos zu Maria, der Mutter von Jesus, und baten um Erlaubnis, ihr den Ort weihen zu dürfen. Maria war einverstanden, und durch diese Weihe soll Chartres zum ersten Mal mit dem Christentum wie auch mit dem Heiligen Gral verbunden gewesen sein.

Nach einem Chartreser Manuskript aus dem 13. Jahrhundert, das auf den Gründer der Kirche von Sens zurückgehen soll, wurde allerdings schon um das Jahr 33 oder 40 das Evangelium an den Ort gebracht: Petrus schickte von Rom aus drei Schüler nach Gallien, und zwar Savinian, Potentian und Altin. Zwei von ihnen kamen nach Chartres und bekehrten die dortige Bevölkerung zum Christentum. Sie gründeten die erste christliche Kirche zu Ehren Marias – eine Kirche, über die uns nichts Genaueres überliefert ist.

Abb. 2: Blick ins Deckengewölbe des Längsschiffs, rechts die Orgel

Es dauerte nicht lange, bis die beiden vom römischen Statthalter Quirinus gefangen genommen und damit zu frühen Märtyrern wurden. Quirinus ließ viele Christen umbringen und angeblich in den heiligen Brunnen werfen. Selbst Modesta, seine eigene Tochter, die sich zum christlichen Glauben bekehrt hatte, verschonte er nicht und ließ sie töten. Sie hatte ihrem Vater angeboten, dass sie ihr Leben hergeben wollte, wenn er dafür den heiligen Altin oder den heiligen Potentian verschone.

Dass die Toten tatsächlich in den Brunnen geworfen wurden, ist historisch wenig wahrscheinlich, weil er dann ebenso wie weitere Wasserquellen der Stadt, die von der *Eure* gespeist wurden, für sehr lange Zeit vergiftet worden und die Trinkwasserversorgung von Chartres gefährdet gewesen wäre. – Zum Andenken an die Tochter des römischen Statthalters, die selbst zur Märtyrerin wurde, findet sich seit dem 13. Jahrhundert an der gotischen Kathedrale eine große Gewändestatue der Modesta am rechten Vorhallenpfeiler des Nordportals.

Schließlich soll von Altin oder Potentian als erster Bischof Aventin eingesetzt worden sein. Er übte 30 Jahre unter dem römischen Statthalter Quirin sein Amt aus. Eine weitere Geschichte verbindet die Legende der Heiligen Familie mit den Aussagen des Chartreser Manuskripts: Maria Magdalena und ihre Geschwister Martha und Lazarus hätten mit Maximin, Altin und Eodald das Mittelmeer überquert, um der Christenverfolgung in Palästina zu entgehen. So seien sie nach Chartres gekommen, wo sie bereits eine Kirche vorfanden, die sie der heiligen Jungfrau weihten.

1. Die Entwicklung der Kathedrale

Josef von Arimatheia, Savinian, Potentian, Altin, Modesta, Maria Magdalena – welche der vielen Geschichten und Legenden um die Entstehung der ersten Kirche in Chartres ist nun wahr? Das Mittelalter hatte eine andere Perspektive auf die Realität, als wir es heute gewöhnt sind. Geprägt vom wissenschaftlichen Denken gehen wir häufig fälschlich davon aus, dass es nur *eine* Realität gebe und diese allein der Wahrheit entspreche. Diese eine Realität kann, so glauben wir, von der Wissenschaft herausgefunden werden; demzufolge müssten alle übrigen Realitäten falsch sein. Das Mittelalter hatte hier jedoch eine ganz andere Sicht: Es war nicht bedeutsam, welche der Legenden oder Narrative um die christliche Begründung von Chartres „wahr" ist, wie es sich also „wirklich zugetragen" hat. Es ging vielmehr darum, geschaute Urweisheiten oder Wahrheiten (Archetypen der Seele) in Bilder zu kleiden, die dann zu Mythen, Märchen, Legenden, Allegorien verwoben wurden. Auch wenn diese jeweils verschiedene Deutungsmöglichkeiten offen lassen, so ist doch jede Deutung von ihrem individuellen Standpunkt aus gesehen wahr.

Daher finden wir in verschiedenen Quellen und Berichten über Chartres unterschiedliche Sichtweisen, die letztlich verschiedene Stränge mündlicher Erzählungen, die über Jahrhunderte weitergetragen wurden, immer wieder individuell neu deuten und zu einem sinnhaften Ganzen zusammenführen. Die Inhalte der Geschichten werden dann vielfach in und an der heutigen Kathedrale künstlerisch „nacherzählt", so z.B. in den zahlreichen Gewändefiguren an den Portalen und in den Glasfenstern; auf diese Weise lebt die Tradition weiter fort. Das macht Sinn, denn wenn uns auch von den früheren Bauwerken beinahe nichts überliefert ist, so sind sie uns doch bis heute in den Geschichten der Menschen, die damit in Verbindung standen, lebendig.

Historisch ist Chartres etwa ab dem Jahre 350 urkundlich als Bischofssitz belegt. Somit betreten wir hier erstmals gesicherten historischen Boden. Damit gehört Chartres zu den ersten Städten in Europa, in denen sich das Christentum dauerhaft etablierte. Man muss sich vergegenwärtigen, dass dies im 4. Jahrhundert noch keineswegs selbstverständlich war. Längst war das Christentum noch nicht überall als Religion „verbindlich". Seine Ausbreitung und Etablierung zog sich vielmehr in Frankreich und Deutschland bis ins 8. und frühe 9. Jahrhundert hinein. Bis zu diesem Zeitpunkt war das „Heidentum" in weiten Teilen Europas noch verbreitet.

Es scheint, dass in Chartres im Gegensatz zu vielen anderen Orten Europas der Übergang von der keltischen Religion zum Christentum fließend und beinahe unblutig verlief – dies wohl vor allem darum, weil die Druiden bereits über Jahrhunderte im voraus erkannt hatten, dass das Christentum dereinst die keltische Religion ablösen würde, und die *Virgo paritura* verehrt hatten.

Wer der erste Bischof von Chartres war, ist nicht gesichert. Nach manchen Überlieferungen soll es Aventin gewesen sein. Doch wenn er tatsächlich bereits von Altin und Eodald eingesetzt worden war, musste er um 350 längst verstorben sein. Auf jeden Fall war Chartres ab etwa 350 Kathedral-Stadt. Kathedrale ist die Bezeichnung einer bischöflichen Kirche (lat. *cathedra* = Bischofssitz; davon Ableitung des Begriffs „Katheder" = Lehrpult, Lehrstuhl). Daher darf mit Sicherheit angenommen

1. Die Entwicklung der Kathedrale

werden, dass Chartres ab 350 eine Kirche – die sogenannte „erste Kirche" – besaß, auch wenn von ihr nichts überliefert ist. Es wird sich wahrscheinlich um eine Holzkonstruktion gehandelt haben.

Die früheste in Chartres historisch belegte Gestalt ist Bischof Martin Candidus (Martin le Blanc), der im frühen 5. Jahrhundert die Kirche *Saint-Martin-au-Val* gründete, wo eine Grabinschrift auf seinen Namen lautet. Die Kirche liegt etwa 1000 Meter südöstlich der Kathedrale unten im Tal und jenseits der *Eure*. Seit dem Tode von Martin Candidus ist es üblich, dass die Chartreser Bischöfe die Nacht vor ihrem Amtsantritt in dieser Kirche verbringen, von wo sie am nächsten Morgen zur Bischofsweihe abgeholt werden. Außerdem werden hier auch die verstorbenen Bischöfe beigesetzt, weil sie ja in der Kathedrale selbst nicht bestattet werden können.

Eine weitere herausragende Gestalt zur Zeit der „ersten Kirche" ist Bischof Lubinus, von dem noch heute die sogenannte Lubinusgruft in der Krypta zeugt. Ihm ist auch eines der mittelalterlichen Glasfenster im westlichen Seitenschiff gewidmet, das seine Lebensgeschichte erzählt. Lubinus war ein beim Volk sehr beliebter Bischof, der aus einfachen Verhältnissen stammte. Als Hirtenjunge, der vor den Toren Chartres' die Schafe hütete, zeigte er bereits früh Interesse an der Schrift. Ein vorbeireisender Geistlicher schrieb dem lernbegierigen Jungen auf seine Bitte das Alphabet auf seinen Gürtel. Als Lubinus nach Hause kam und sein Vater dies sah, sorgte er dafür, dass sein Sohn Schreibunterricht erhielt. Später trat Lubinus ins Kloster Noailles bei Poitiers ein und reiste viel herum zu verschiedenen Kongregationen.

Schließlich soll ihn der heilige Avitus mit dem Amt des Kellermeisters betraut haben, bevor er zum Bischof von Chartres ernannt wurde.

Die Lubinusgruft gehört zum ältesten heute noch zugänglichen Teil der Kathedrale in der Krypta (siehe Abb. 3, S. 23, A). Sie befindet sich unter dem Apsismittelpunkt am Ende des Chors. Es handelt sich um einen engen, hohen halbkreisförmigen Raum, dessen Boden fast zwei Meter unterhalb des Kryptaniveaus liegt. In der Mitte befindet sich ein schlanker halbrunder Pfeiler, der die Mitte der Westwand bildet; weitere Pfeiler sind im Halbkreis darum angeordnet. Bei der nicht ganz gleichmäßig geformten Westwand handelt es sich um einen von mehreren gallorömischen Mauerresten, die aus der Zeit um 20 vor unserer Zeitrechnung stammen müssten. Unterhalb des zentralen mittleren Pfeilers der Lubinusgruft befindet sich etwa einen Meter unter dem Bodenniveau versteckt wahrscheinlich ein weiterer Raum, der verschiedentlich als „Schatzkammer" bezeichnet wurde, aber heute nicht mehr zugänglich ist.

1. Die Entwicklung der Kathedrale

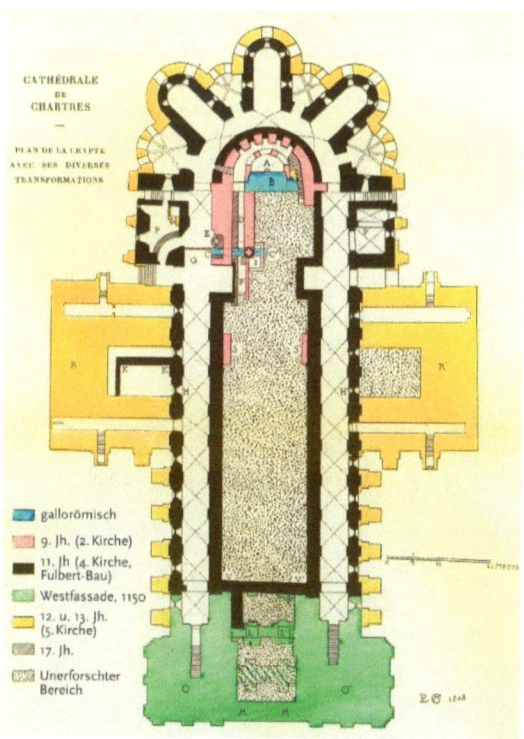

Abb. 3: Plan der Kathedrale auf der Krypta-Ebene (unter der Erde) – A: Lubinusgruft – B, C, C': Gallorömische Mauerwand – D: Gewölbe des 9. Jh. – E: Brunnen Puits-des-Saints-Forts (entdeckt 1904) – F: Nordseite der Kathedrale im 9. Jh. – G: Kapelle Notre-Dame-de-Sous-Terre – H, H': Frühe Fenster der Krypta von 1204 – I: Seitlicher Choreingang der Kathedrale des 9. Jh. – K, K': Grundmauern der Portale des 9. Jh. – L, L': Grundmauern der Fassade des Narthex um 1145 – M, M': Rekonstruktion der Grundmauern, Ende des 12. Jh. – O, O': Fundamente der beiden Türme des 12. Jh. – P, P': Querschiffe des 11. Jh. – R, R': Querschiffe des 13. Jh. – S, S': Seitliche Mauern des 9. Jh. – V, V': Fassade der Kathedrale des 11. Jh. (entdeckt 1901)

Die zweite und die dritte Kirche

Die erste historisch belegte Nachricht von einer Kathedrale, der „zweiten Kirche", haben wir nur durch den Bericht von deren Zerstörung im Jahre 743: Hunald, Herzog von Aquitanien, eroberte die Stadt Chartres und brannte die Kirche nieder, die kurz darauf wiederum aufgebaut wurde und wahrscheinlich bis zum Jahre 858 stand. Am 12. Juni 858 überfielen die Wikinger die Stadt und plünderten sie. Mit dem Schwert bahnten sie sich den Weg zur Kathedrale, wohin sich Bischof Frotbold, die Domherren und die Einwohner vergeblich geflüchtet hatten. Die Wikinger sollen alle Menschen getötet, die Stadt inklusive der Kirche eingeäschert und die Toten anschließend – wieder einmal – in den Brunnen geworfen haben. Der Brunnen *Le-Puits-des-Saints Forts* liegt, wie auf Abb. 3 (S. 23 E, oben links) erkennbar, in unmittelbarer Nachbarschaft zu einem gallorömischen Mauerrest.

Über die „dritte Kirche" im 9. Jahrhundert, die zwischen 858 und 1020 bestand, wissen wir nicht viel mehr als über die zweite. Dieser karolingische Bau wurde von Bischof Giselbert errichtet. Abb. 3 zeigt, dass er Teile des heutigen Mittelschiffs der Kathedrale von der Chorapsis bis etwa zur Hälfte des heutigen Längsschiffs umfasste. Der Brunnen wurde spätestens in dieser Bauphase in das Kirchenschiff integriert. Wahrscheinlich handelte es sich um den ersten durchgehend steinernen Bau.

Die Errichtung der dritten Kirche steht möglicherweise in Verbindung mit der Reliquie (siehe Abb. 4, S. 26), die der Kathedrale im Jahre 876 von Karl dem Kahlen gestiftet wurde. Die Reliquie – der Schleier

(Camisia oder Tunika), den die Jungfrau Maria entweder bei der Verkündigung oder bei Christi Geburt getragen haben soll – hatte zu diesem Zeitpunkt schon eine lange Reise und viele Zwischenstationen hinter sich, über die es wiederum Legenden gibt. Sie soll von Maria über den Evangelisten Johannes auf mehreren Zwischenstationen in den Besitz Kaiser Constantins V. gekommen sein, der sie schließlich zwischen 780 und 802 Karl dem Großen als Dank für seine Hilfe im Krieg gegen die Sarazenen schenkte. Nachdem Karl der Große sie im Domschatz des Aachener Doms aufbewahrt hatte, schenkte sie schließlich sein Enkel Karl der Kahle der Kathedrale von Chartres. Die Reliquie existiert noch heute und wird in einer der Chorumgangskapellen aufbewahrt. Eine naturwissenschaftliche Untersuchung aus dem Jahre 1927 führte zu dem Ergebnis, dass die 0,45 x 5,35 Meter große Stoffbahn tatsächlich aus der Zeit um Christi Geburt stammen muss.

Es ist anzunehmen, dass die Bedeutung der Kirche von Chartres durch die Reliquie wie auch durch den **heiligen Brunnen** enorm wuchs. Am Ort des Brunnens sollen sich viele Wunderheilungen ereignet haben, und die Reliquie zog nicht nur eine wachsende Schar von Pilgern nach Chartres, sondern soll die Stadt auch unter einen besonderen Schutz gestellt haben. So erfolgte im Jahre 911 ein Überfall normannischer „Heiden" unter dem Anführer Rollo auf die Stadt, der erfolgreich besiegt werden konnte, nachdem der Bischof die Reliquie wie eine Fahne den Angreifern von der Stadtmauer aus entgegengeschwenkt hatte.

Die zweite und die dritte Kirche

Abb. 4: Die Reliquie (im Chorumgang): der Schleier, den Maria bei der Verkündigung oder bei Jesu Geburt getragen haben soll

Nach einem weiteren Überfall der heidnischen Normannen aus dem Norden am 5. August 962 wurde die Fassade der Kathedrale von einem Architekten namens Teudon repariert, der als Goldschmied auch den Behälter für die Reliquie angefertigt haben soll. Insgesamt soll die Kirche 13-mal in 350 Jahren niedergebrannt sein, denn Feuer – verursacht durch Missgeschicke im Umgang mit Kerzen und Fackeln oder durch kriegerische Auseinandersetzungen – waren im Mittelalter kaum zu löschen und führten häufig zu Totalverlusten von Gebäuden und ganzen Städten.

1. Die Entwicklung der Kathedrale

Die vierte Kirche, der romanische Fulbert-Bau

Wir sind an der Wende vom 10. zum 11. Jahrhundert angekommen. Das Christentum war in Europa inzwischen gefestigt und die Zeit der Kämpfe gegen die Heiden vorbei. Ein bedeutender neuer Bischof, der die Entwicklung der Kirche wie auch der Kathedralschule maßgeblich prägte, betritt die Bühne: Bischof Fulbert (ca. 960 bis 1028) (siehe Abb. 5, S. 28). Nachdem Fulbert unter Gerbert von Aurillac, der später Papst wurde und zum ersten Kreuzzug aufrief, an der Kathedralschule von Reims die freien Künste sowie Theologie und Medizin studiert hatte, wurde er um 1000 Lehrer an der Schule von Chartres und im Oktober 1006 zum Nachfolger des verstorbenen Bischofs Rudolf ernannt. Zu Beginn der Amtszeit von Fulbert stand noch die „dritte Kirche", die jedoch in der Nacht vom 7. zum 8. September 1020 einer erneuten Brandkatastrophe zum Opfer fiel. Am 8. September wurde das Geburtsfest der Jungfrau Maria gefeiert, einer der bedeutendsten Festtage für die Kathedrale. In den Quellen finden sich Hinweise auf eine „vollkommene Zerstörung" der Kathedrale an jenem Tag.

Wahrscheinlich wurde der Verlust gewisser Teile der Kirche dazu genutzt, die Kathedrale von Grund auf neu zu konzipieren, wobei Elemente des Vorgängerbaus gezielt einbezogen und erweitert wurden. Es ist bekannt, dass Bischof Fulbert alles daran setzte, die Kirche so schnell wie möglich neu zu errichten – und zwar größer und schöner als jemals zuvor –, und das unter schwierigsten finanziellen Bedingungen. Fulbert wandte sich in Briefen hilfesuchend an zahlreiche Herrscher in Europa, und aufgrund seines hohen Ansehens floss ihm die notwendige finanzielle Unterstützung für den Wiederaufbau zu. Selbst König Robert von Frankreich und Knut der Große von Dänemark und England steuerten Gelder bei.

Abb. 5: Bischof Fulbert (Mitte rechts) predigt der Menge, hinter ihm junge Priester, vor ihm Frauen (ganz links), Männer (Mitte links) sowie Kinder (Mitte) (Buchillustration von André de Micy, aus dem Obituarium, einem Verzeichnis der Wohltäter und Stifter der Kathedrale, um 1027)

Mit Hilfe des Architekten Berengar von Tours schuf Fulbert einen romanischen Bau, der schon beinahe die Ausmaße der späteren gotischen Kathedrale erreichte. Die Illustration der Kryptaebene (Abb. 3, S. 23) zeigt, wie die neue „vierte" Kirche (schwarz markiert) auf der dritten fußt: Das ehemalige Hauptschiff der Vorgängerkirche, in der Mitte eingezeichnet (schwarz gepunktet, „unerforschter Bereich"), wurde zugeschüttet, und die Seitenschiffe erheblich erweitert, unter anderem durch einen Chorumgang, der um die Lubinusgruft gelegt wurde, und durch drei Chorkapellen im Osten. Nach Westen hin, in Richtung des heutigen Hauptportals, wurde das Kirchenschiff erheblich verlängert. Die Reste der Vorgängerkirchen wurden nun zu einer Krypta, zur Unterkirche, auf die man ebenerdig eine komplett neue Oberkirche, den romanischen Bau, setzte.

Durch die Umbauten wurde die Krypta zu einer der größten und weiträumigsten in Europa, und sie ist es bis heute geblieben; an Flächeninhalt wird sie nur von der Krypta des Peters-Doms in Rom und in der Kathedrale von Canterbury übertroffen. Der Grund dafür, dass Fulbert die Krypta so groß dimensionierte, liegt wahrscheinlich darin, dass er genügend Raum für die immer zahlreicher werdenden Pilger wie auch für die heilsuchenden Kranken schaffen wollte, die sich häufig längere Zeit in der Krypta aufhielten. Die Trennung von Unter- und Oberkirche ermöglichte es, die Kranken von den übrigen Kirchenbesuchern im ebenerdigen Bereich zu trennen und die Menschenströme geschickt zu lenken.

Die große Krypta Fulberts ist bis heute vollständig erhalten; sie wurde in den nachfolgenden Jahrhunderten nur geringfügig baulich verändert und diente auch der späteren gotischen Kathedrale als Unterbau. Noch heute ist die Krypta Besuchern allgemein zugänglich über zwei seitliche Eingänge in der Nähe des Nord- und des Südportals. Ihre schweren tonnenartigen Gewölbe geben einen Eindruck der romanischen Baukunst. In der Krypta finden sich einige romanische Wandmalereien des 12. Jahrhunderts, wenn auch zum Teil rußgeschwärzt und nicht immer gut zu erkennen. Im nördlichen Umgang ist ein erst im 20. Jahrhundert freigelegtes Wandbild der thronenden Madonna zu sehen. Und in der Clemenskapelle (Abb. 6) zeigt ein großes Bild einige der meistverehrten Heiligen und Bischöfe.

Abb. 6: Clemenskapelle in der Krypta – von links nach rechts: hl. Ägidius, Karl der Große, hl. Martin, hl. Petrus, hl. Jakobus, hl. Nikolaus, Papst Clemens I.; vorne links: Modell der Fulbert-Kirche um 1000, rechts: Fulbert-Bau um 1150 mit neuer Doppelturmfassade

1. Die Entwicklung der Kathedrale

Bereits 1024 war die Krypta fertiggestellt und der Architekt begann damit, die romanische Oberkirche darauf zu setzen. Sie ist nicht erhalten, aber es gibt einige Darstellungen, die einen Eindruck des Gebäudes vermitteln (siehe Modelle, Abb. 6, S. 30). Es handelte sich um einen typischen romanischen Bau mit zwei Türmen an der Ostseite, der heutigen Chorapsis, sowie einem zentralen Turm an der Westseite am Ort des heutigen West- bzw. Hauptportals. Es ist nicht erwiesen, ob der zentrale Westturm frei stand oder mit dem Kirchenschiff unmittelbar verbunden war, weil sich die genaue Länge des Kirchenschiffs in westlicher Richtung bisher nicht hat feststellen lassen. Die romanische Kirche war bereits eine typische dreischiffige Basilika mit einem Hauptschiff und zwei niedrigeren Seitenschiffen auf der rechten und linken Seite. Ein Querschiff jedoch, wie es die gotische „fünfte" Kirche später bekam, hatte sie wahrscheinlich noch nicht.

Der Architekt der romanischen Kathedrale, Berengar von Tours, leistete Beachtliches, indem er einen der größten Kirchenbauten seiner Zeit errichtete. Die romanische Kirche wurde von Berengar 1028, kurz nach dem Tode Fulberts, unter dessen Nachfolger vollendet und 1037 geweiht.

Unter Fulbert wurde die Kathedrale zu einer der bedeutendsten Pilgerstätten des Mittelalters und blieb es bis zum 16. Jahrhundert. Dazu beigetragen hat neben der Bedeutung der Kirche selbst auch, dass Chartres auf dem Jakobsweg liegt, also auf einer der Routen, die zum

Grab des heiligen Jakobus in Santiago de Compostela führen. Dementsprechend wird Jakobus in mehreren Glasfenstern der Kathedrale dargestellt.

Im Jahre 1134 wurde Chartres erneut von einem Brand heimgesucht, der Teile der Stadt und den Turm der Fulbert-Basilika in Mitleidenschaft zog. Dies führte zu einer völligen Neugestaltung der gesamten Westfassade. Es ist historisch nicht ganz geklärt, ob die Kathedrale zum Zeitpunkt des Brandes auf der Westseite noch einen zentralen Turm besaß oder ob bereits von den späteren zwei Türmen der eine, nämlich der Nordturm, im Entstehen begriffen war. Noch heute lässt sich an der Westfassade bei genauem Hinsehen deren romanischer Ursprung erkennen, zum Beispiel an den drei Fenstern unterhalb der Westrose: Sie sind – im Gegensatz zu den später angebrachten Archivolten darunter – nicht spitzbogig, wie es bei gotischen Kirchen üblich sind, sondern rundbogig (siehe S. 74 und Abb. 13, S. 78).

Gesichert ist, dass die Westfassade ab 1144 – nach dem Vorbild der inzwischen fertig gestellten Kirche in Saint-Denis bei Paris – konsequent zu einer Doppelturmfassade umgebaut wurde. Zu diesem Zeitpunkt begann man mit der Errichtung des Südturms, der mitsamt Helm etwa 1160 vollendet war. Der Nordturm war um 1150 vollendet und hatte zunächst ein Bleidach. Die Fensterrose wurde erst später, zur Zeit des Baus der „fünften", gotischen Kirche im 13. Jahrhundert, eingesetzt.

Zur Zeit der Errichtung der Doppeltürme hatte nicht nur die Schule von Chartres ihren Höhepunkt erreicht, sondern auch die Begeisterung der Bevölkerung für den Kirchenbau. Wir befinden uns am

1. Die Entwicklung der Kathedrale

Ausgang der romanischen und zugleich am Anfang der gotischen Epoche, die mit der von Abt Suger errichteten Kirche in Saint-Denis 1140 begann. Wundersame Ereignisse überliefern uns die Chronisten jener Zeit. Der Abt Haimond von Saint-Pièrre-sur Dives berichtet in einem Brief an die englischen Mönche von Tutbury:

„Wer hat jemals etwas Ähnliches gesehen und gehört, dass mächtige Herren und Fürsten der Welt, aufgebläht von Reichtum und Ehren, dass selbst Frauen von edler Geburt ihre stolzen Häupter gebeugt und gleich Zugtieren sich an Karren gespannt haben, um Wein, Getreide, Öl, Kalk, Steine, Holz den Werkleuten einer Kirche zuzuführen? Und ob viel mehr als tausend Köpfe zusammen sind, herrscht doch tiefes Schweigen, man hört kein Wort, nicht einmal ein Flüstern. ... Wenn der Zug hält, hört man nur Beichten, Gebete und Gesänge der Büßer; auf das Wort der Priester besänftigen sich alle Hassempfindungen, und eine schöne Harmonie ersteht in den Herzen. Wenn ein hartnäckiger Sünder sich weigert, seinen Feinden zu vergeben, verjagt man ihn mit Schimpf und Schande und weist die Opfergabe zurück, die er auf seinen Wagen geladen hat. Sind die Pilger an der Kirche angelangt, bei deren Bau sie helfen wollen, so machen sie eine Wagenburg und wachen die ganze Nacht und singen Psalmen" (zit. nach Dehio/Bezold Bd. 2, S. 23 sowie Richter S. 37).

Die Begebenheiten, die sich beim Bau des Chartreser Westportals ereigneten, wiederholten sich in anderen Städten. Ein bisher unbekannter Impuls hatte die Menschen aller Schichten – Bauern, Handwerker und Adlige – im ganzen Land ergriffen, ein Impuls, der viele Jahrzehnte anhalten sollte und zum zentralen Beweggrund des gotischen Kathedralbaus wurde. In ganz Frankreich begann man, Kirchen zu errichten, und überall griff das Volk tatkräftig und voller Selbstaufopferung mit seinen „Laiendiensten" den Baumeistern und Handwerkern unter die Arme. Allein im Kernland des französischen Königs in einem Umkreis von 200 Kilometern um Paris wurden zwischen 1150 und 1250 an die 150 Kirchen gleichzeitig erbaut, davon etliche große Kathedralen – wie in Paris, Reims, Amiens, Sens und Rouen –, die sich gegenseitig an Größe, Schönheit und Majestät übertrafen.

Mit dem Bau so vieler und so großartiger Kirchen brachten die Menschen den Mut auf, Werke zu beginnen, die sie selbst an Größe und Lebensalter weit überragten. Die Epoche der Gotik war gekennzeichnet von einer einzigartigen Begeisterung, wobei das Bauen selbst als Gottesdienst galt. Nie wieder zuvor und nie wieder danach in der Geschichte erreichte die sakrale Bautätigkeit in Europa solche Ausmaße und einen solchen Höhepunkt; sie bescherte uns ein reichhaltiges Erbe, von dem wir noch heute zehren.

Während oder kurz nach der Fertigstellung der neuen Westfassade in Chartres waren bereits die gotischen Kirchen von Sens, Senlis, Noyon und Laôn entstanden; weitere Kathedralen wie Notre-Dame de Paris waren im Entstehen begriffen. Doch der neue gotische Baustil

1. Die Entwicklung der Kathedrale

hatte die Kathedrale von Chartres – den inzwischen mehr als hundert Jahre alten romanischen Fulbert-Bau – bisher nicht erreicht …

Die fünfte Kirche, die gotische Kathedrale von heute

In der Nacht vom 10. auf den 11. Juni 1194 wurde Chartres erneut von einer großen Feuersbrunst heimgesucht, der die gesamte Stadt, der Bischofspalast und die Fulbert-Kathedrale zum Opfer fiel. In einem zeitgenössischen Mirakelbuch aus dem 12. Jahrhundert heißt es, die Wände des alten Kirchenbaus hätten zerschlagen und zerbröckelt am Boden gelegen, so dass es nötig gewesen sei, eine neue Kirche von den Fundamenten aus zu errichten. Es ist anzunehmen, dass diese Beschreibung übertrieben ist, denn der Fulbert-Bau war wirklich grundsolide errichtet worden. Dem Feuer zum Opfer fallen konnte im Grunde nur der hölzerne Dachstuhl und der brennbare Teil des Kircheninneren; außerdem schmolzen das Blei des Daches und die Bleiruten der Glasfenster, wodurch sie einstürzten und das Glas zersprang. Merkwürdig ist außer der übertriebenen Schilderung des Mirakelbuches auch, dass der Brand zwar die rund 20 Jahre zuvor fertig gestellte neue Westfassade, die übrige Stadt hingegen nicht verschont hatte. Es fragt sich, ob beim Feuer nicht ein wenig „nachgeholfen" wurde, um auch in Chartres einen gotischen Neubau rechtfertigen zu können, wie er anderenorts bereits vollendet worden war.

Im *Buch der Wunder der Notre-Dame* aus dem 12. Jahrhundert berichtet Jean le Marchant, dass die Einwohner von Chartres nach der Feuersbrunst sehr verzweifelt gewesen seien. Ungezählte Pilgerscharen standen zusammen mit den Bürgern der Stadt zitternd und betend vor dem Brausen und Prasseln des ungeheuren Brandes. Von Entsetzen geschüttelt, so heißt es im *Buch der Wunder*, hätten die Menschen Dämonen durch das Feuer fahren sehen und ihr triumphierendes Fauchen im Heulen und Knistern der Flammen und im Krachen zusammenstürzender Balken und Mauern gehört. Noch tagelang sei in glühenden Bächen geschmolzenes Blei vom Dach hinuntergelaufen. Es war für die Menschen eine erschütternde Katastrophe, und in Anbetracht ihres Ausmaßes dachte man wohl daran, die Stadt zur Gänze aufzugeben und woanders neu zu beginnen, zumal viele ihre Existenz verloren hatten und ihren Beruf in einer völlig zerstörten Stadt auch nicht mehr ausüben konnten.

Eine Wende brachte der Besuch eines durchreisenden Geistlichen, des Kardinallegats Melior von Pisa, drei Tage nach dem Feuer. Auf den noch rauchenden Trümmern stehend, forderte er die Menschen, zusammen mit dem anwesenden Bischof Regnault de Mouçon, zum Neubau auf. Zuerst konnte er die Bevölkerung nicht überzeugen. Doch dann geschah etwas Unerwartetes: Eine kleine Prozession von Männern näherte sich, den Reliquienschrein tragend, der Menschengruppe. Das Heilige Gewand der Jungfrau, von dem man geglaubt hatte, es sei ebenfalls in Flammen aufgegangen, hatte den Brand unbeschadet überstanden! Die Männer hatten sich mitsamt der Reliquie in der Krypta eingeschlossen, bis das Feuer weitgehend erloschen war. Vermutlich hatten sie sich in der Lubinusgruft aufgehalten. In der eben noch verzweifelten Menge erhob sich jetzt ein Sturm der Begeisterung. Dass die Reliquie gerettet worden war, wurde als Wunder und als Zeichen der Heiligen Jungfrau aufgefasst, die Kathedrale wieder neu aufzubauen. Es schien, als ob Maria selbst der Zerstörung ihrer Kirche zugestimmt hatte, damit ihr zu Ehren eine größere und schönere Kathedrale entstehen konnte! Noch einmal wurden die Menschen von der gleichen Begeisterung, dem gleichen Glaubenseifer und dem gleichen Willen zur Selbstaufopferung ergriffen, welche bereits 50 Jahre zuvor den Bau der Doppeltürme an der Westfassade beflügelt hatten.

Das Auftauchen der Reliquie genau zur rechten Zeit und am rechten Ort – gerade als der Kardinallegat seine „flammende" Rede hielt – wirkt wie inszeniert und scheint mir ein weiteres Indiz dafür zu sein, dass der Brand recht genau kalkuliert war: Es ging an der Kirche genau das in Flammen auf, was brennen sollte, nämlich die romanische Oberkirche. Was hingegen nicht brennen durfte, weil es für einen Neubau benötigt wurde, entging dem Feuer, obwohl ansonsten die ganze Stadt in Schutt und Asche gelegen haben soll.

Nachdem die Bevölkerung von der Notwendigkeit eines Neubaus überzeugt war, ging es nun mit Riesenschritten voran. Man plante eine gotische Kathedrale, die an Größe noch einmal alle Vorgängerbauten übertreffen sollte, und begann im selben Jahr mit den Bauarbeiten. Das Längsschiff der gotischen Kathedrale wurde auf dem Hauptschiff des Fulbert-Baus errichtet, war aber wahrscheinlich länger. Die Westfassade wurde gezielt in den gotischen Bau miteinbezogen und schloss spätestens jetzt direkt an das Hauptschiff der Kirche an. Neu war die Einfügung eines Querschiffs (siehe Abb. 10, S. 57) auf der Nord- und der Südseite mit entsprechenden Portalen. Aus der Kathedrale wurde nun eine kreuzförmige Basilika, die alle typischen Merkmale eines gotischen Baus besaß und eine der größten Kirchenbauten der damaligen Zeit war.

Die gotische Kathedrale wurde zügig und ohne Bauunterbrechungen von 1194 bis 1220 errichtet – in Anbetracht ihrer enormen Maße und der bescheidenen technischen Mittel der damaligen Zeit eine sehr kurze Periode. Wie und in welcher Reihenfolge der gotische Bau entstand, darüber weiß man bis heute wenig. Da keinerlei Baupläne oder -skizzen überliefert sind und wahrscheinlich auch gar nicht angefertigt wurden, ist die Rekonstruktion des Bauablaufs schwierig. Üblich war es, beim Kirchenbau mit dem Chor zu beginnen, um durch dessen Abschluss möglichst frühzeitig einen fertigen und nutzbaren Baukomplex zu haben, doch in Chartres war dies nicht der Fall. Eine dendrochronologische Untersuchung der Überreste hölzerner Gerüste, die in den Seitenschiffgewölben und Arkaden stecken, führte zu dem Ergebnis, dass die Hölzer des Langhauses früher gefällt wurden als diejenigen des Chors. Nach den Fälldaten der Bäume müssen die Seitenschiffe des Langhauses (= Hauptschiff von der Westfassade bis zum Chorbeginn, siehe Abb. 10, S. 57) um 1200 vollendet gewesen sein, die des Chors hingegen um 1210 bis 1215. Demnach wurde die Kathedrale von West nach Ost hochgezogen, und zwar gleichmäßig und schichtweise. Archäologische Untersuchungen wie auch genaue Vermessungen im Grund- und

Aufriss erfolgten jedoch bis heute nur stichpunktartig, so dass weiterhin Raum für viele Vermutungen bleibt.

Maße und Dimensionen der Kathedrale	Meter (ca.)
Gesamtlänge (ohne St. Piat-Kapelle)	130
Breite der Westfassade	48
Breite des Mittelschiffs	16,40
Länge des Querschiffs	64,50
Höhe der Gewölbe	37
Gesamthöhe bis zum Dachfirst	51
Höhe des Nordturms (Clocher neuf)	115
Höhe des Südturms (Clocher vieux)	105
Durchmesser der Westrose (lichte Weite)	12,00
Durchmesser der Südrose (lichte Weite)	10,56
Durchmesser der Nordrose (lichte Weite)	10,56

Bemerkenswert ist, dass die Namen des oder der Architekten, die für die Errichtung des gotischen Baus verantwortlich sind, unbekannt geblieben sind. Wahrscheinlich hat es mehrere Baumeister gegeben, denn es war seinerzeit üblich, dass Handwerker und Architekten für mehrere Jahre an einer Kirche arbeiteten, um dann zu einer anderen Baustelle weiterzuziehen. Die sehr detaillierte Untersuchung von John James führte zu dem Ergebnis, dass es neun Baumeister waren, die mit ihren Mannschaften jeweils zu verschiedenen Zeiten an der Kathedrale arbeiteten. Ausgerechnet diese Baumeister, die eine der bedeutendsten gotischen Kirchen des Abendlandes errichteten, sind uns nicht überliefert.

Für Chartres wie auch für andere gotische Kirchenbauten war es wichtig, einen Steinbruch in unmittelbarer Nähe zu haben, um mit möglichst wenig Zeit- und Kostenaufwand das nötige Baumaterial herbeischaffen zu können. Chartres hatte das Glück, dass der Steinbruch von Berchères-les-Pierres nur 12 Kilometer südöstlich entfernt liegt und zudem dem Bischof gehörte. Der dort geförderte Kalkstein musste zu relativ großen Blöcken verarbeitet werden, weil er Löcher aufwies und an den Rändern aufsplitterte. Nicht zuletzt deswegen wirkt die Kathedrale von außen wuchtig, schnörkellos und kolossal, was ihr andererseits jedoch auch eine Klarheit und Schlichtheit in der Linienführung verleiht, an der es besonders spätgotischen Bauten oft mangelt. Für die zahlreichen Portalskulpturen wurde ein weicherer, feinkörniger und weniger spröder Kalkstein aus anderen Steinbrüchen verwendet.

Bis heute gibt es keine vollständige Antwort auf die Frage, wie der von 1194 bis 1220 so zügig durchgeführte Kathedralbau überhaupt finanziert wurde. Kam es anderenorts vor, dass ein begonnener Kirchenbau stockte oder für mehrere Jahr(zehnt)e aufgrund von Geldnöten unterbrochen wurde, so war dies in Chartres eindeutig nicht der Fall.

1. Die Entwicklung der Kathedrale

Als man etwa im Januar 1221 die Bauarbeiten an der Kathedrale im Wesentlichen abschloss, waren Strebewerk und Gewölbe wahrscheinlich noch nicht eingebracht. Dies geschah wohl bis in die Zeit um 1230. Auch die Querhausfassaden wurden erst um 1230 vollendet, der Lettner zwischen 1230 und 1240. Geweiht wurde die Kathedrale jedoch viel später, erst am 17. Oktober 1260 in Anwesenheit des französischen Königs Ludwig des Heiligen. Für den langen Zeitabstand zwischen der Vollendung des Baus und seiner Weihe hat man bisher keinen Grund gefunden. Eine interessante Überlegung stammt von Roland Halfen: Zwischen dem Brand der Kathedrale 1194 und der Weihe des Neubaus liegen genau zwei mal 33 Jahre – eine symbolische Zahl, denn 33 Jahre beträgt die Lebenszeit von Jesus. Übrigens hat auch das Labyrinth (siehe Abb. 27, S. 109) genau 33 Wendungen.

Es wird ebenfalls vermutet, dass man die Weihe hinauszögerte, weil man noch hoffte, die Kathedrale ganz fertigstellen zu können. Immerhin ist sie in einigen Bereichen bis heute unvollendet geblieben. So wurde sie zum Beispiel – ganz ungewöhnlich für einen gotischen Bau – mit neun Türmen geplant, von denen nur zwei, nämlich die beiden der Westfassade, vollendet wurden. Die Kathedrale galt als ein Bild des Neuen Jerusalem, das noch im Werden ist und dessen Baumeister die Menschen sind. Im Hinblick auf die Aufgabe der Kathedrale, den Menschen in ein höheres Bewusstsein, in das Christusbewusstsein, anzuheben, ist Chartres noch nicht vollendet.

Liste der namentlich bekannten Architekten bis zur Neuzeit	
Architekt	Werk
Teudon	Errichtung der Hauptfassade nach 962 (3. Kirche) und Fertigung des Reliquienschreins als Goldschmied
Berengar von Tours	Erbauer der Fulbert-Basilika (4. Kirche) von 1020 bis 1028
Vital	Architekt des 11. Jahrhunderts (4. Kirche)
???	Baumeister von 1194 bis 1240 (5., gotische Kirche)
Simon Dragon	Errichtung der Sakristei 1298 und Mitwirkung an der 5. Kirche ab 1310
Jean des Carrières	Architekt von 1300 bis 1310
Huguet d'Ivry	Errichtung des Kapitelsaals 1325
Jean d'Ivry	Errichtung der Kapelle St. Piat, Fertigstellung 1358
Laurent Vuatier	Dombaumeister 1400 bis 1416
Geoffroi Sevestre	Konstruktion der Kapelle Vendôme 1417
Jean Martin	Dombaumeister vor 1506
Jean Texier (Jehan de Beauce)	Errichtung des Helms auf dem Nordturm 1507 bis 1513, der Chorschranke 1514 bis 1529 und des Uhrenpavillons 1520

1. Die Entwicklung der Kathedrale

Bauliche Aktivitäten in der Neuzeit

Auch nach 1260 wurde in Chartres weitergebaut. Allerdings ging der ursprüngliche Impuls der Gotik – diese Begeisterung unter den Menschen, für die das Bauen ein beinahe heiliger Akt war – mit der Zeit immer mehr verloren. Mit Beginn des Hundertjährigen Krieges zwischen Frankreich und England (1339-1453) war die Epoche der Gotik, die kulturelle wie auch die wirtschaftliche Blüte, zu Ende. Entsprechend dem schwächer werdenden Impuls haben die ab dem späten 13. Jahrhundert durchgeführten An- und Umbauten sowie baulichen Veränderungen nur noch „marginalen" Charakter und verändern an dem großartigen gotischen Werk nichts Wesentliches mehr.

Kurz nach der Weihe des Jahres 1260 wurde 1298 die Sakristei errichtet. Sie muss daher auf Mauerresten stehen, die wesentlich älter als der Fulbert-Bau sind. Einen weiteren Anbau ließ das Domkapitel 1325 in der Verlängerung des Chores in Form eines Kapitelsaals bauen, über dem bis 1358 die kleine Kapelle St. Piat errichtet worden war. Die Kapelle ist durch eine überdachte Treppe im Inneren mit der Kathedrale verbunden. St. Piatus hatte als Missionar in der Gegend um Chartres und Tours gewirkt und 286 den Märtyrertod erlitten; er ist ebenfalls am Südportal, am sogenannten Märtyrerportal, als Gewändefigur dargestellt (siehe Abb. 25, S. 103).

Ein weiterer Anbau ist die 1417 errichtete spätgotische Vendôme-Kapelle, die genau genommen nur aus einem gemauerten Rahmen für ein riesiges Maßwerkfenster besteht. Im Jahre 1413 hatte Louis de

43

Bourbon, Graf von Vendôme, gelobt, der Jungfrau eine Kapelle zu bauen, wenn sein Bruder, der ihn gefangen hielt, ihn freiließe. Der Graf erfüllte sein Gelübde, nachdem er seinem Bruder verziehen hatte. Die Versöhnung der Brüder findet in den Darstellungen der Glasfenster der Kapelle ihren Ausdruck.

Schon im frühen 14. Jahrhundert setzte in Chartres wie in so vielen anderen Kirchen auch die Phase der Restaurierung ein: Es galt, Schäden am Bauwerk zu erkennen und rechtzeitig zu beseitigen – ein bei gotischen Kirchen praktisch endloses Unterfangen, das sich bis in die heutige Zeit hinzieht.

Als im Jahre 1506 der bleigedeckte hölzerne Helm des nördlichen Turms an der Hauptfassade vom Blitz getroffen und durch einen anschließenden Brand zerstört wurde, beauftragte man Jean Texier damit, eine steinerne Turmspitze zu errichten. Texier, auch Jehan de Beauce genannt, war einer der bedeutendsten Architekten des ausgehenden Mittelalters. 1513 vollendete er den neuen Turmhelm, der bereits im spätgotischen Flamboyant-Stil errichtet ist und sich damit von der Nüchternheit des übrigen Baus deutlich abhebt. Jean Texier errichtete außerdem ab 1514 eine steinerne Chorschranke und ab 1520 einen kleinen steinernen Uhrenpavillon an der Nordseite.

Im Jahre 1520 wurde der Hauptaltar, der zuvor etwa in der Mitte des Chores gestanden hatte, an das östliche Ende des Hochchores in die Apsis verlegt, wo er noch heute steht. Dies war keine unbedeutende bauliche Veränderung, da sie auch für einen Bewusstseinswandel sprach. Denn der Hauptaltar lag bis zu jenem Jahr fast exakt auf dem heiligen Zentrum der Kathedrale – also ebenerdig auf der gleichen Höhe, auf der in der Krypta der heilige Brunnen stand. Dass dieser dann kurz darauf ebenfalls zugeschüttet wurde, zeigt, dass man sich von einem der wichtigsten Kraftorte, der der Kathedrale seit den frühesten vorchristlichen Ursprüngen zentrale Bedeutung verlieh, dem *Genius loci*, innerlich mehr und mehr entfernte.

1763 wurde der zwischen 1230 und 1240 errichtete Lettner (siehe Abb. 7, S. 46) die Trennwand zwischen Chor und Mittelschiff, abgerissen. Dies war die bedauernswerte Zerstörung eines wundervollen Werkes. Nur noch wenige Reliefs der herausragenden Steinmetzwerke sind erhalten, aber heute größtenteils Besuchern nicht mehr zugänglich. Sie stellten Szenen der Geburtsgeschichte dar, beginnend mit der Verkündigung bis zur Geburt und zur Anbetung der Weisen aus dem Morgenland. Das nachfolgende Foto zeigt eine bewegende Darstellung der Heiligen Familie, die wie eine lebensechte Momentaufnahme wirkt: Maria wendet sich zärtlich und liebevoll dem kleinen Jesus in der Krippe zu. Jesus ist als Wickelkind dargestellt, umgeben von Ochse und Esel. Maria hat ihre Hand am rechten Ohr und wendet sich lauschend höheren Sphären zu. Sehr ähnlich wird sie im rechten Seitenportal der Westfassade im Tympanon dargestellt. Im Hintergrund ist Josef zu sehen – sein Kopf ist nicht erhalten; er ist gerade im Begriff, eine Decke oder ein Tuch über Maria oder Jesus zu legen.

Abb. 7: Ein Teil des nicht mehr erhaltenen Lettners zeigt die Heilige Familie im Stall zu Bethlehem

Der Hauptaltar wurde 1767 durch einen neuen ersetzt, den der Bildhauer Charles-Antoine Bridan schuf und der bis heute das Kircheninnere „ziert", aber stilistisch nicht zu den geradlinigen Strukturen des übrigen Baus passt und eher befremdlich wirkt. Die spätbarocke Darstellung zeigt die leibliche Aufnahme Marias in den Himmel. Bridan bestand darauf, dass im Chor-Obergaden acht der mittelalterlichen Glasfenster entfernt wurden, damit sein Werk durch bessere Lichtverhältnisse optisch mehr zur Geltung käme. So wurden die bunten Originalfenster durch farbloses Glas, später durch Grisaille ersetzt. Leider sind dadurch mehrere der wertvollen Fenster unwiederbringlich zerstört worden und heute überwiegend nicht mehr rekonstruierbar. Den Ausschnitt eines dieser Fenster zeigt Abb. 8 (S. 48).

So manche weitere Zerstörung erlitt die Kathedrale insbesondere während der französischen Revolution 1793. Etliche der Gewändefiguren und Skulpturen an der Außenfassade wurden beispielsweise zertrümmert und sind nicht mehr rekonstruierbar. Wie durch ein Wunder entging die Kirche aber ihrer geplanten totalen Zerstörung.

Am 4. Juni 1836 geriet durch die Unachtsamkeit von Dachdeckern der Dachstuhl in Brand. Die Glocken schmolzen ebenso wie das Bleidach, aber das Bauwerk selbst erlitt keinen Schaden. Heute ersetzt ein Dachstuhl in Eisenkonstruktion mit einem Kupferdach den mittelalterlichen hölzernen Dachstuhl und das Bleidach. Auch der ursprüngliche Engel auf dem Chorhaupt wurde ersetzt durch eine Bronzefigur, die sich auf einem Kugellager dreht und die Windrichtung anzeigt.

Während der beiden Weltkriege wurden die Glasfenster ausgebaut und in Sicherheit gebracht. 1976 wurde die Krypta renoviert und die schwarze Madonna aus dem 19. Jahrhundert durch eine originalgetreue Nachbildung ersetzt. Zahlreiche und kontinuierliche Renovierungs- und Restaurierungsarbeiten kennzeichnen das 20. Jahrhundert, und sie werden sicher auch für das 21. Jahrhundert bestimmend bleiben.

Abb. 8: Rekonstruierter Ausschnitt aus einem zerstörten Fenster des Chorumgangs: Dionysius stirbt als Märtyrer

2. Architektur und Geometrie

Astronomische Uhr am Uhrenhäuschen, Nordfassade

Der gotische Baustil

Die heutige Kathedrale von Chartres ist im gotischen Baustil errichtet, der für die Epoche von etwa 1150 bis 1350, vereinzelt noch bis 1450, maßgeblich war. Die Gotik war der erste internationale Baustil, der sich – ausgehend von Saint Denis und dem Kernland des französischen Königtums, den Regionen Ile-de-France und Picardie – in ganz Europa verbreitete, insbesondere in Frankreich, Deutschland, England und Italien.

Die Geburtsstunde der Gotik schlug im Jahre 1144, als Abt Suger die Abteikirche von Saint-Denis (bei Paris) vollständig und erstmals einheitlich im neuen gotischen Stil, der die Romanik ablöste, vollendet hatte. Bereits den beiden Türmen der Westfassade von Chartres diente Saint-Denis als Vorbild. Höchstwahrscheinlich hatte der damalige Bischof von Chartres Geoffroy de Lèves, der mit Suger befreundet war, sogar Baumeister, Steinmetze und andere Handwerker aus Saint-Denis nach Chartres gerufen, damit sie am Bau der Türme mitwirkten. Die Ähnlichkeit zwischen den Statuen des Chartreser Westportals und denen des ursprünglichen Hauptportals von Saint-Denis ist unübersehbar. Auch die Figuren im rechten Tympanon des Westportals von Notre Dame de Paris weisen große Übereinstimmungen mit denjenigen des Chartreser Westportals auf. Das Hauptportal von Saint-Denis wurde an vielen Kirchen Europas nachgeahmt, und zwar in der Absicht, im Sinne eines bildhaften Denkens bestimmte Geschichten und Allegorien lebendig werden zu lassen, um verborgene Weisheiten im Menschen zu erwecken.

Man unterscheidet zwischen Früh-, Hoch- und Spätgotik, wobei Chartres der Hochgotik zugerechnet wird. Zwischen Früh- und Hochgotik vergingen in Frankreich nur zehn bis zwanzig Jahre: Das architektonische Know-how verbreitete sich für die damalige Zeit überraschend schnell. Der Kirchenbau wurde in der Gotik zum Ausdruck des Strebens nach Gott in wachsende Höhen.

In der Gotik wagte man sich – als Ausdruck des Strebens in überirdische Höhen – an den Bau enorm hoher Kirchenschiffe, wie es sie zuvor in der Architektur nicht gegeben hatte, weil man sie statisch noch nicht zuverlässig konstruieren konnte. Dass dies in der Gotik gelang, hängt mit einigen ihrer typischen baulichen Merkmale zusammen: Spitzbogen, Kreuzrippengewölbe und Strebebogen (siehe Abb. 9, S. 51). In der Romanik, dem der Gotik vorangehenden Baustil, waren die Kirchen deutlich niedriger und schmaler, und zwar darum, weil die Überwölbung der tragenden Mauern noch nicht so gekonnt gelang. Üblicherweise wurden die Mittelschiffe in der späten Romanik mit einem rundbogigen Tonnengewölbe überwölbt, das jedoch dem Gebäude nur bis zu einer gewissen Höhe Stabilität verlieh. Als man das Tonnengewölbe durch das Kreuzrippengewölbe (vgl. Abb. 2, S. 17) ersetzte, war es möglich, das ganze Kirchenschiff sowohl breiter (= größere Spannweite) als auch höher zu konstruieren – man konnte sich nun in immer größere Höhen wie auch zu größeren Spannweiten der Mittelschiffe vorwagen, weil es besser gelang, Druck- und Schubkräfte in ein harmonisches Gleichgewicht zu bringen.

Beim Kreuzrippengewölbe ist die Höhe notwendigerweise größer als beim Rundgewölbe und im Verhältnis zur Spannweite variabel. Die Kreuzrippe wird ebenso wie der Spitzbogen, der lange vor der Gotik in der islamischen Architektur angewandt wurde, aus zwei Kreisbögen konstruiert. Ein weiterer Vorteil des Spitzbogens besteht darin, dass er den seitlich wirkenden Gewölbeschub – also die Kräfte, die das Mauerwerk auseinanderdrücken und einstürzen lassen könnten – teilweise in senkrechten Druck umwandelt und somit die Pfeiler und Mauern entlastet. Der Gewölbeschub in den hohen tragenden Bereichen der Mauern wurde zudem von außen durch die zahlreichen Strebebögen abgefangen, die so typisch für gotische Gebäude sind und ihnen von außen oft etwas Skelettartiges verleihen.

Abb. 9: Strebebögen am äußeren Kirchenschiff

Durch die Strebebögen sind die tragenden Mauern des Kirchenschiffs so gut gestützt, dass diese, ohne einzustürzen, durch zahlreiche Fenster unterbrochen werden können. In der Gotik konnten damit erstmals riesige Fensterfronten erschaffen werden. Manche gotische Kirchen scheinen nur noch aus Fenstern zu bestehen, während das tragende Mauerwerk zwischen ihnen verschwindet und fast unsichtbar ist.

Gerade die Fenster und der Einfall des Lichtes spielen in der Gotik eine zentrale Rolle, denn seine besondere Wirkung entfaltet der gotische Bau im Inneren weniger durch den Stein als durch den Lichteinfall durch das Glas. In seiner Transparenz bildet das Licht den Gegenpol zum undurchdringlichen Stein. Besonders faszinierend ist es, den wechselnden und in Form von farbigen Schatten wandernden Lichteinfall durch die Fenster im Laufe eines Tages zu beobachten; dabei überwiegen die für Chartres typischen Farben Blau und Rot. Das Licht überwindet die Starre der Mauern und verleiht dem Bau etwas Bewegliches.

Erst das farbige Licht der bunten Gläser, das in seiner Schönheit an vielfarbige Edelsteine erinnert, verleiht der Kathedrale ihr „inneres Leuchten". Es kommt nur zur Geltung, wenn der Innenraum weitgehend dunkel bleibt. Natürlich steht das materielle Licht des Kirchenraumes symbolisch für das innere Licht, das Geisteslicht im Menschen. Es ist das Licht, das die Dunkelheit der Materie durchdringt und sie von innen erleuchtet.

Der gotische Baustil ist von einer Gottessehnsucht des Strebens in höchste Höhen, von der Überwindung der materiellen Schwere und dem Durchlichten der irdischen Dunkelheit getragen. Und dabei strahlt eine gotische Kirche wie Chartres in ihrer Ganzheit doch etwas Filigranes und Leichtes aus, dem man die Komplexität der statischen Konstruktion nicht ansieht. All dies war neu und gab es zuvor in romanischen Kirchen, die etwa zwischen 800 und 1100 errichtet wurden, nicht: Sie wirkten insgesamt wuchtig und schwer und waren eher niedrig. Romanische Fenster waren aus Gründen der Stabilität eher klein gehalten und nur in geringer Anzahl vorhanden, die Kunst der Glasmalerei noch gar nicht entwickelt. Diese entfaltete sich erst während der Gotik und geriet mit deren Ende für mehrere Jahrhunderte wieder in Vergessenheit.

Grund- und Aufriss der Kathedrale

Die Baumeister des gotischen Kirchenschiffs waren in der Freiheit ihrer Konstruktion weitgehend eingeschränkt und haben doch ein Werk geschaffen, dessen Perfektion für das bloße Auge vielfach nicht erkennbar ist. Der gotische Bau musste natürlich auf den alten Fundamenten der romanischen Fulbert-Krypta errichtet werden und sich daher an deren Längen- und Breitenmaßen orientieren (siehe Abb. 3, S. 23). Zudem konnte der Bau in östlicher Richtung (Chor und Chorkapellen) nicht beliebig verlängert werden, weil die Chor-Fundamente des Fulbert-Baus ihm Grenzen setzten. In der Westrichtung war die Ausdehnung des Längsschiffs durch die 50 Jahre ältere Westfassade begrenzt, die ja beim großen Brand von 1194 erhalten geblieben war. Lediglich bei den Querschiffen hatten die Baumeister noch gestalterische Freiheit.

Es gibt einige überraschende Übereinstimmungen: So sind die Westrose und das Labyrinth, würde man sie aufeinander projizieren, in Lage und Größe deckungsgleich; in der Tat zeigen die bisherigen Untersuchungen, dass die Abweichung nur wenige Zentimeter beträgt. Das führt durch den im Tagesverlauf wandernden Lichteinfall dazu, dass zu bestimmten Zeiten die Darstellung der Maria mit dem Christuskind, wie sie im mittleren der drei Fenster unterhalb der Westrose dargestellt sind (siehe Abb. 30, S. 121), im Labyrinth-Inneren sichtbar wird. Ursprünglich strahlte Maria genau am 15. August, am Tage von Mariae Himmelfahrt, ihr Licht ins Innere; durch die gregorianische Kalenderreform verschob sich dies auf den 22. August. Täglich ist der Einfall des Lichts von Maria ins Labyrinth-Innere je nach Sonnenstrahlung etwa zwischen 14.30 Uhr und 16.30 Uhr zu sehen. Das Ganze hat natürlich eine symbolische Bedeutung, denn der Kern des Labyrinths steht für den Menschen, der zu sich selbst gefunden hat, der also wiedergeboren ist (siehe Kapitel „Das Labyrinth", ab S. 108).

Beschäftigt man sich näher mit den Maßen, so treten noch mehr erstaunliche Tatsachen zutage: In den Grundriss der Kathedrale und natürlich auch in den Aufriss passen genau drei gleichseitige Dreiecke von der Breite des Längsschiffes hinein. Man bezeichnet dies als sogenannte „Triangulatur" – ein Bauprinzip, das auch von anderen Kirchen bekannt ist. Durch die Triangulatur wird die gesamte Kirche aus einem durchgehenden Maß, einem Dreieck von bestimmter Größe, konstruiert. Das Dreieck steht symbolisch für die Trinität Vater, Sohn und Heiliger Geist und wird durch seine Dreiheit, die drei Dreiecke, noch überhöht.

Durch eigene Untersuchungen konnte ich feststellen, dass in das Längsschiff der Kirche genau drei ganze Kreise und in das Querschiff genau zwei Kreise hineinpassen (siehe Abb. 11, S. 59). Der Radius dieser Kreise wird vorgegeben durch die Strecke zwischen dem heiligen Zentrum – also dem Ort, auf dessen Höhe in früheren Zeiten in der Unterkirche der heilige Brunnen stand – und der Mitte der Vierung – also dem Bereich, in dem sich Längs- und Querschiff durchdringen. Dies erklärt dann auch, warum die Vierung nicht genau quadratisch sein kann (sie hat die Maße 16,40 Meter mal 13,99 Meter), wie sie es sonst in sehr vielen Kirchen üblicherweise ist. Denn das hätte den Radius und damit die Fläche der Kreise so verändert, dass die vollständige Abdeckung des Kirchenschiffs mit fünf Kreisen nicht gelungen wäre. Das Größenverhältnis vom Längs- zum Querschiff entspricht musikalisch der Quinte (3 : 2).

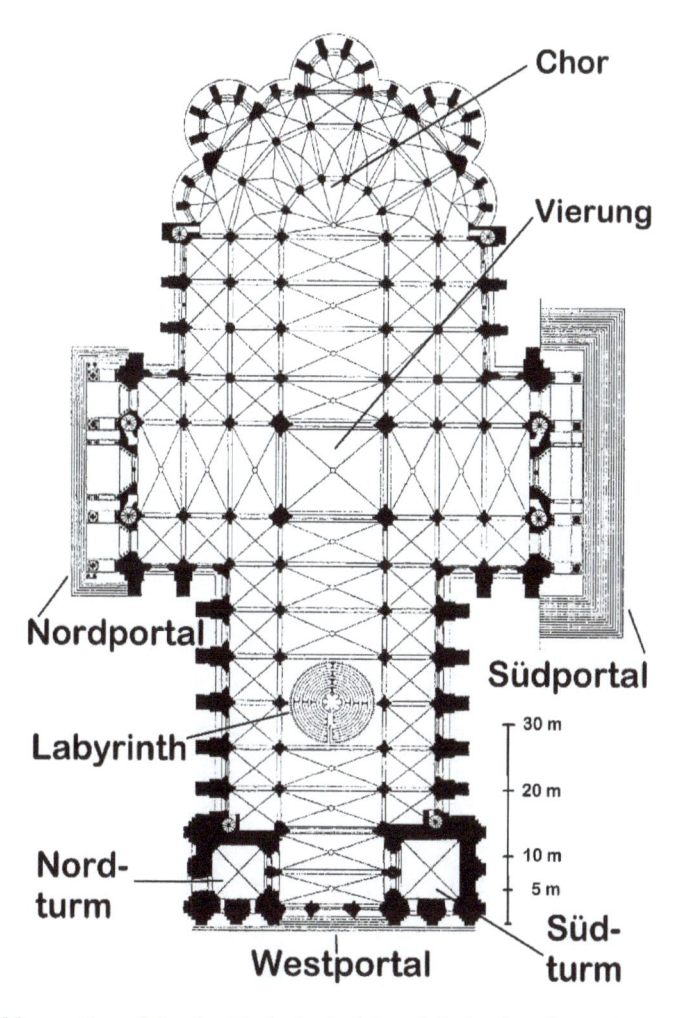

Abb. 10: Grundriss der Kathedrale (ohne Sakristei und St.-Piat-Kapelle)

Abbildung 11 zeigt, dass das heilige Zentrum wahrscheinlich sogar als „Dreh- und Angelpunkt" der Neukonstruktion des gotischen Baus auf der romanischen Unterkirche des Fulbert-Baus diente: Es bestimmte die genauen Maße im Längs- und im Querschiff (ohne Chorumgangskapellen, Portale und Westfassade), und es beeinflusste die Größe der Vierung wie auch die Länge des Chors. Vermutlich hat der Baumeister genau im heiligen Zentrum den Zirkel angesetzt und von dort aus die fünf Kreise geschlagen, aus denen sich die Längs- und die Quermaße des Kirchenschiffs ergeben.

Die Bedeutung der Geometrie für den Kirchenbau

Die Geometrie hatte für die Baumeister des Mittelalters eine besondere Bedeutung: Sie war der Schlüssel, um die irdische Kirche mit dem göttlichen Gedanken der Schöpfung in Einklang zu bringen. Analog zur Schöpfung Gottes schufen die Bauherren und Werkmeister ein Gebäude nach dem gleichen Gesetz, nach dem Gott die Welt geformt hat:

„Aber du hast alles geordnet mit Maß, Zahl und Gewicht. Denn großes Vermögen ist allezeit bei dir, und wer kann der Macht deines Armes widerstehen" (Weish. Salomo, 11,21).

2. Architektur und Geometrie

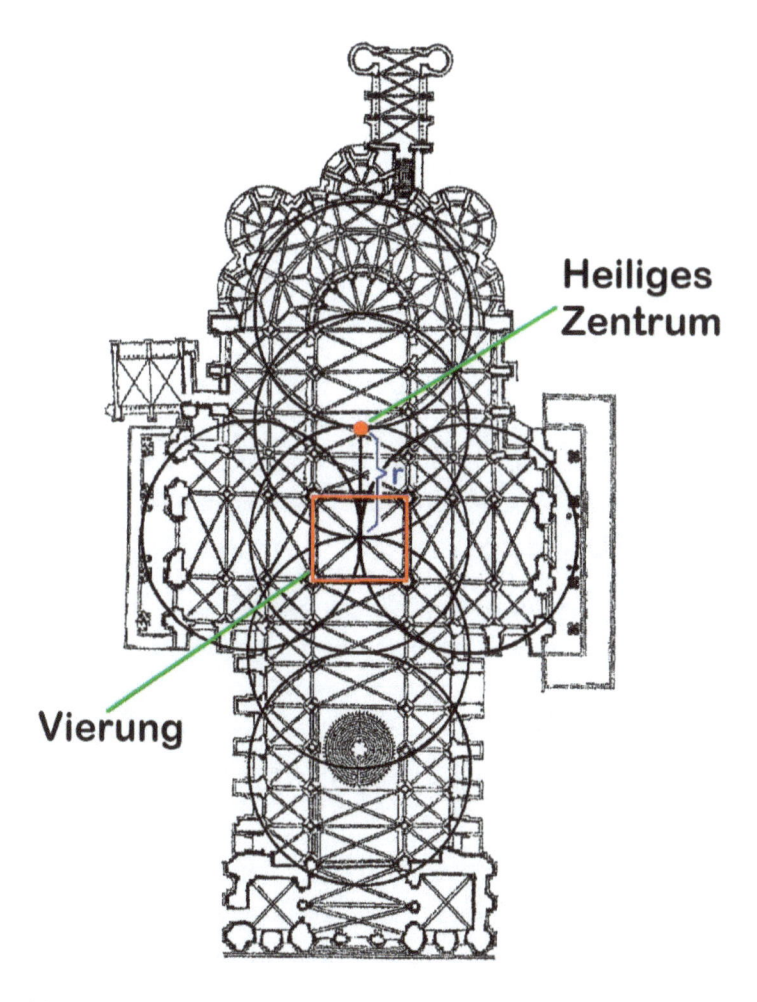

Abb. 11: Die Gliederung des Kirchenschiffs entsprechend einem Kreis, dessen Radius r vom heiligen Zentrum bis zur Mitte der Vierung reicht

Die Geometrie war zudem eine der sieben freien Künste, die in der Kathedralschule von Chartres gelehrt wurden, und sie ist ebenfalls als Geometria am rechten Seitenportal der Westfassade bildhaft dargestellt. Ausgehend vom Gedankengut Platons, dessen Werk *Timaios* in der Chartreser Kathedralschule intensiv studiert wurde, ging man davon aus, dass die irdischen Dinge ihren Ursprung in göttlichen Ideen haben und dass das Materielle aus dem Geistigen hervorgeht. (Diese Anschauung nannte man im Mittelalter „Realismus"; modern würde man sie als „Idealismus" bezeichnen.) Umgekehrt lässt sich demnach schließen: Wenn etwas – zum Beispiel ein Gebäude wie eine Kirche – auf der materiellen Ebene möglichst vollkommen gestaltet ist, so findet der menschliche Geist darin eine Stütze, um sich in die höheren geistigen Welten emporzuschwingen.

Vieles vom geometrischen Wissen und praktischen Vorgehen der mittelalterlichen Baumeister ist uns nicht überliefert, denn es gibt aus dieser Zeit keine schriftlichen Aufzeichnungen oder Bücher. Auch über die Geometrie der Kathedrale von Chartres ist nur wenig bekannt, zumal keine Baupläne überliefert sind und wahrscheinlich auch niemals angefertigt wurden.

Es sind besonders die Relationen, die Proportionen zueinander, in denen die geometrischen Gesetze erkennbar sind, und zwar deutlicher und klarer als in „absoluten" einzelnen Zahlen. Besondere Bedeutung kommt dabei dem goldenen Schnitt zu. Er besagt, in einem Satz formuliert: Der größere Teil einer Figur (A) verhält sich zum kleineren Teil (B) genauso wie die gesamte Figur (C) zum größeren Teil (A); anders ausgedrückt: A : B = C : A. Die Lösung dieser Gleichung ist φ = 1,6180339... – die Zahl des goldenen Schnitts, die in der heutigen Mathematik wenig geglückt als „irrational" bezeichnet wird, weil sie ins Unendliche geht, also unendlich viele Stellen hinter dem Komma hat und damit niemals exakt, sondern immer nur näherungsweise erreichbar ist. Figuren bzw. Raumkörper, die nach dem goldenen Schnitt gegliedert sind, finden sich überall in der Natur, in Bauwerken aller Kulturen und in der Kunst. Nach den Proportionen des goldenen Schnitts richten sich zum Beispiel der menschliche Körper, Tiere und Pflanzen. Figuren, die dem goldenen Schnitt entsprechen, empfinden wir subjektiv als „schön" und „harmonisch", was bei anders gestalteten Figuren nicht der Fall ist. Der goldene Schnitt ist eine jener kosmischen Maß- bzw. Verhältniszahlen der Schöpfung, nach denen die Proportionen in und an der Kathedrale nahezu überall strukturiert sind (siehe Abb. 12).

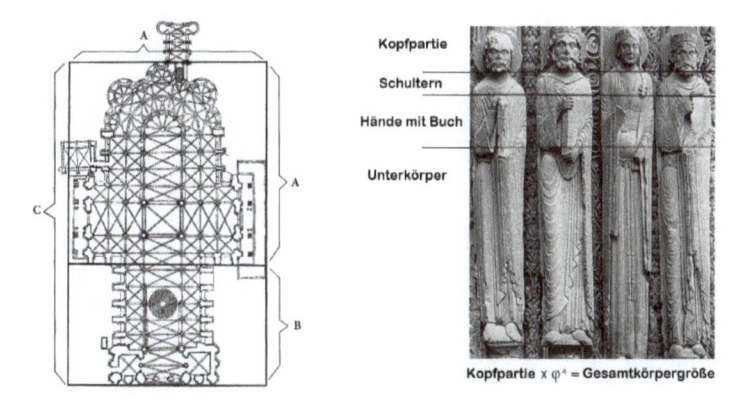

Abb. 12: Links: Die Aufteilung des Kirchengrundrisses nach dem goldenen Schnitt; rechts: Goldener Schnitt bei Gewändefiguren am Westportal

Wie bereits erwähnt, stand im Mittelalter das bildhafte und symbolische Denken im Vordergrund, während das heute übliche eher abstrakte begriffliche Denken wenig ausgeprägt war. Dementsprechend hatten auch die geometrischen Formen symbolische Bedeutungen:

- Der Kreis als die vollkommenste geometrische Figur ist ohne Anfang und ohne Ende und steht daher für Gott;
- die Trinität wird im gleichseitigen Dreieck (mit drei 60-Grad-Winkeln) dargestellt;
- das Viereck, besonders das Quadrat, symbolisiert die aus den vier Elementen bestehende materielle Welt des Irdischen;
- das Pentagramm, in dem auch der goldene Schnitt enthalten ist, gilt als Symbol für den vollkommenen Menschen und für Christus.

Die Symbolik der geometrischen Formen setzt sich in der Zahlensymbolik fort. Für uns heute nur noch schwer nachvollziehbar, schrieb man jeder Zahl selbst eine Bedeutung, ein Wesen, zu. Zahlen wurden als geistige Qualitäten – als Energien und Kräfte – empfunden, die der Erde und dem Kosmos ordnende und strukturierende Kräfte verliehen. Hier einige Zahlen und ihr jeweiliger Symbolgehalt als Beispiel:

- Die Eins symbolisiert die göttliche Einheit, die All-Einheit, aus der alle anderen Zahlen hervorgehen. Räumlich entspricht sie der Kugel oder dem Kreis.
- Mit der Zwei kommt die Opposition in die Welt („Zwietracht"); in ihr zeigen sich alle Polaritäten: das Männliche und das Weibliche, Gut und Böse, Leben und Tod, gerade und ungerade etc. Aus der Spannung der Polarität entstehen aber auch Aktion und Handeln.

- Die Drei ist die erste Zahl, mit der sich geometrisch eine Fläche erzeugen lässt: das Dreieck. Die erste Dreiheit im symbolischen Sinne ist die Trinität von Vater, Sohn und Heiligem Geist.
- Die Vier ist die Zahl der geschaffenen irdischen Welt: vier Elemente, vier Jahreszeiten, vier Himmelsrichtungen usw.
- Durch die Fünf entsteht die erste Sternform, das Pentagramm. Die Fünf ist die Zahl des Menschen, der mit ausgestreckten Armen und Beinen selbst ein Pentagramm bildet.
- Die Sechs verweist auf die Anzahl der Schöpfungstage und gilt als Zahl der Vollkommenheit. Geometrisch entspricht ihr das Hexagon.
- Die Sieben als Summe der ersten geraden und teilbaren Zahl (Vier) und der ersten ungeraden und unteilbaren Zahl (Drei) ist auf die Zeit bezogen (sieben Schöpfungstage, sieben Wochentage) und steht auch für die sieben Säulen der Weisheit wie die sieben freien Künste. Als Primzahl ist sie unteilbar, und ihre Flächengestalt, das Siebeneck, ist nur näherungsweise konstruierbar, weil die Teilung von 360 Grad durch 7 eine irrationale Zahl ergibt.
- Die Acht gilt als lebensspendende aufbauende Wesenheit. Sie – mehr noch die 888 – symbolisiert Christus, der am achten Tage von den Toten auferstand. Die quergestellte Acht oder Lemniskate (∞) steht noch heute in der Mathematik für die Unendlichkeit.
- Die Neun als potenzierte heilige Drei (die drei gleichseitigen Dreiecke im Kirchenschiff) drückt ähnlich wie die Sieben einen hohen Grad der Vollendung aus,

- der von der Zehn (zehn Gebote) noch übertroffen wird. Bei den Pythagoräern ist die 10 die aus der Tetraktys (1 + 2 + 3 + 4) resultierende vollkommene Zahl. Die Zehn ist die Zahl der irdischen Fülle.
- Die Elf ist die Zahl der Sünde, wovon sich im Übrigen der Karnevalsgruß „Alaaf" und der Beginn der „fünften Jahreszeit" am 11. November ableitet, denn die Karnevalszeit ist diejenige Zeit vor Ostern, zu der „Sündigen" erlaubt ist.
- Die Zwölf verweist auf die 12 Apostel, aber auch auf die Zeitrechnung (12 Monate, 12 Stunden, 12 Tierkreiszeichen usw.); sie findet sich vielfach in den Fensterrosen an den drei Portalen wieder. Im Gegensatz zur Elf steht die Zwölfheit wiederum für die Vollkommenheit, und zwar für die kosmische Fülle.

Mit der Geometrie eng verwandt ist die Musik. Auch sie ist eine der sieben freien Künste, die in der Schule von Chartres gelehrt wurden. Symbolisiert wird sie von Pythagoras, der wie die Geometria im rechten Seitenportal der Westfassade dargestellt ist (siehe Abb. 19, S. 88).

In der pythagoreischen Lehre schöpften Musik, Mathematik, Astronomie und Philosophie aus derselben Quelle. In der Darstellung des Westportals hält Pythagoras ein Instrument in der Hand: ein Monochord, das nur eine Saite hat. Schwingt die ganze Saite, so erklingt deren Grundton, entsprechend der Proportion 1 : 1. Die Saite lässt sich durch einen Steg beliebig abteilen. Bringt man den Steg genau auf der Mitte an, so erklingt ein Ton, der gegenüber dem ersten genau eine Oktave höher liegt; es besteht die Proportion 1 : 2. Eine Unterteilung des Monochords im Verhältnis 2 : 3 lässt eine Quinte erklingen, bei 3 : 4

handelt es sich um eine Quarte, bei 4 : 5 um die große Terz usw. Diese musikalischen bzw. harmonikalen Zahlenverhältnisse sind bestimmend für das Kirchenschiff der Kathedrale, das gewissermaßen steingewordene Musik ist:

- Die Oktave bestimmt das Verhältnis der Breite des Mittelschiffs zur Breite des Langhauses.
- Das Verhältnis der Größe des Längsschiffs zur Größe des Querschiffs entspricht der Quinte (drei und zwei Kreise, siehe Abb. 11, S. 59).
- Der Labyrinthmittelpunkt teilt das Längsschiff zwischen Westportal und Vierung im Verhältnis der Quarte – usw.

Geometrie, Arithmetik, Musik und Astronomie gehörten als sogenanntes *Quadrivium* zum Bildungskanon der Kathedralschule von Chartres. Es wurde ergänzt durch das *Trivium* mit Grammatik, Rhetorik und Dialektik. Die sieben freien Künste wurden nicht nur als Lehrfächer im heutigen Sinne verstanden, sondern auch als geistige Wesenheiten und Kräfte. Ihr Studium diente dazu, Wissen anzusammeln, aber ebenso die seelische Entwicklung des Menschen so weit voranzutreiben, dass er seine Stellung im kosmischen Gefüge verstand und seinen Lebenswandel in Übereinstimmung mit dem göttlichen Willen bringen konnte – „Bildung" im Sinne von umfassender „Formung" des Menschen. – Die Kathedralschule war neben einigen anderen Kathedralschulen vom 10. bis 12. Jahrhundert eine der bedeutendsten Lehr- und Lernstätten des Abendlandes, bevor sie von den gerade entstehenden Universitäten, allen voran von der Sorbonne in Paris, abgelöst wurde.

Die astronomische Ausrichtung des Kirchenschiffs

Einer der Kanzler der Schule von Chartres, Pierre de Roissy, schrieb um 1200 in seinem *Handbuch über die Geheimnisse der Kirche*:

„Und es muss die Kirche nach Osten ausgerichtet werden, in Richtung auf den Sonnenaufgang zur Tag- und Nachtgleiche, nicht in Richtung der Herbsttagundnachtgleiche oder der Wintersonnenwende" (zit. nach Halfen, S. 159).

Ganz offensichtlich ist diese für christliche Kirchen eigentlich typische Ausrichtung der Ost-West-Achse in Chartres jedoch nicht vollständig gegeben: Chartres liegt nach Messung des *Institut National Geographique* auf der Kompassrose genau auf der Linie 43 Grad Nordost 223 Grad Südwest; verschiedene Autoren geben allerdings davon leicht abweichende Werte an. An den Tagen der Frühjahrs- und der Herbst-Tagundnachtgleichen (21. März und 23. September) geht die Sonne überall auf der Erde bei 90 Grad im Osten auf und bei 270 Grad im Westen unter. Das jeweilige Zeitalter (Stier-, Fische-, Wassermannzeitalter usw.) richtet sich nach dem Sternbild, das am 21. März bei Sonnenaufgang sichtbar ist. Weil die Sonne am Tag der Sommersonnenwende (21. Juni) bei 45 Grad Nordost aufgeht und die Ausrichtung der Kathedrale mit 43 Grad Nordost „nahe daran" liegt, hat man vermutet, dass sie auf den Geburtstag Johannes des Täufers (24. Juni, Johannistag)

– als des Verkünders Jesu – ausgerichtet ist. Darauf läuft auch die zitierte Aussage des Kanzlers der Kathedralschule indirekt hinaus.

Doch kann dies nicht stimmen. Denn bedingt durch die Ekliptik geht in Chartres die Sonne am Tag der Sommersonnenwende nicht genau bei 45 Grad, sondern bei 51,56 Grad Nordost auf. Im Laufe der letzten vier Jahrtausende hat sich der Sonnenaufgang um weniger als 1 Grad verschoben, so dass auch früher das Kirchenschiff nicht auf den Johannistag ausgerichtet gewesen sein kann, denn es bleibt immer eine Differenz von 7 bis 8 Grad.

Vielmehr scheint es so zu sein, dass sich die Lage des Kirchenschiffs an der vorchristlichen Kultstätte am selben Ort orientiert. Die Priester der frühen Kulturen waren ja zugleich auch Astronomen. Nach neueren astronomischen Berechnungen hat der Mond in der Zeit zwischen 2000 vor Christus und heute bei seinem Aufgang in Chartres in einem Rhythmus von 18,6 Jahren – einem Mondknotenumlauf, in dem der Mond einmal die Ekliptik durchläuft – mehrfach das genaue Azimut der Kathe-dralachse erreicht (vgl. Schröder, S. 364 ff.). Die Ausrichtung von Chartres deutet somit darauf hin, dass die Kirche tatsächlich auf eine uralte vorchristliche Kultstätte zurückgeht, vielleicht sogar eine megalithische.

Die Ausrichtung von Chartres orientiert sich also gar nicht am Sonnenkalender, sondern aufgrund des Mondknotenumlaufs am Mondkalender. In praktisch allen vorchristlichen Kulturen kannte man zwei Kalender: den Sonnen- und den Mondkalender. Der Sonnenkalender hat männliche und der Mondkalender weibliche Qualitäten (der

Monatszyklus der Frau wie auch die Zeit zwischen Empfängnis und Geburt orientiert sich am Mond). Nach dem Sonnenkalender hat das Jahr 365,25 Tage, das Mondjahr zwischen 354 und 355 Tagen.

Mit der Ausrichtung des Kirchenschiffs am Mondumlauf wird noch einmal auf die Jungfrau Maria, auf die *Virgo paritura* der Druiden und auf die Muttergöttin der Megalithzeit hingewiesen. Chartres war also schon seit seinen frühesten Ursprüngen den weiblichen Kräften im Menschen gewidmet!

Noch eine astronomische Besonderheit: Louis Charpentier hat die These aufgestellt, dass die Lage von Chartres zusammen mit der Lage etlicher anderer gotischer Notre-Dame-Kathedralen, wie zum Beispiel Bayeux, Amiens, Laòn, Reims und Evreux, das Sternbild der Jungfrau am Himmel abbildet. Dies ist durchaus möglich, leider aber bis heute nicht astronomisch präzise nachgewiesen, weil versäumt wurde, die Himmelsachse zu bestimmen. Eine entsprechende Berechnung müsste bis auf Jahrtausend und Jahrhundert genau angeben können, auf welchen Zeitpunkt diese Übereinstimmung zutrifft. Denn aufgrund der Umdrehung der Erde um die Sonne und um ihre eigene Achse wandern die Sternbilder am Himmel für das Auge ja stetig weiter und sind dort nicht immer zur gleichen Zeit am gleichen Ort erkennbar.

Geobiologische und geomantische Besonderheiten

Die Geobiologie ist die Wissenschaft, die sich allgemein mit dem Einfluss der Erde und speziell mit dem Einfluss bestimmter Orte auf alles Lebendige – auf Menschen, Tiere und Pflanzen – befasst. In der Neuzeit erst im 20. Jahrhundert etabliert, erweckt die Geobiologie vielfach altes Wissen zu neuem Leben, das in frühen Hochkulturen offensichtlich bekannt war und gezielt genutzt wurde, besonders beim Bau von Tempeln, die als sogenannte „Orte der Kraft" Stätten mit besonderen kosmoterrestrischen Energien sind.

In beziehungsweise auf Erdzonen mit erhöhter Energie wurden in allen Hochkulturen bevorzugt heilige Stätten errichtet mit dem Ziel, die natürlicherweise am jeweiligen Ort vorhandenen Energien so wirken zu lassen, dass der Mensch mühelos auf eine höhere Bewusstseinsebene angehoben werden kann. Bei Chartres ist dies wie bei vielen anderen Kathedralen der Fall. Schauen wir uns die „typische Dreierkonstellation" an, die sich in Chartres wie bei vielen weiteren gotischen Kathedralen findet:

1. Hügel- bzw. Berglage: Das Kirchenschiff liegt deutlich erhoben von der übrigen Stadt auf einer Anhöhe, was, nebenbei bemerkt, die Durchführung astronomischer Zeitmessungen begünstigt.
2. Beschaffenheit des Materialuntergrundes: Die Kathedrale wurde auf einem Kalksteinhügel errichtet.

3. Nähe zu einem Gewässer: Die Kathedrale liegt in unmittelbarer Nähe zu einem Fluss, der *Eure*, wobei deren Ausläufer auch unterhalb der Kirche durch den Kalksteinhügel hindurchfließen.

Die kosmoterrestrischen Kräfte, die durch diese besondere Konstellation in Chartres wirken, lassen sich einerseits durch den Einsatz von Ruten radiästhetisch überprüfen, andererseits heute auch mit physikalischen Messinstrumenten genau ermitteln. Beides wurde in Chartres durchgeführt, wobei weitere Untersuchungen dazu beitragen könnten, die gefundenen Phänomene gründlicher zu erforschen und offene Fragen zu beantworten. Nicht zuletzt lassen sich die Kräfte des Ortes aber auch von jedem Menschen erfühlen – in Chartres ganz besonders, weil sie hier so stark sind, dass nur wenig Sensitivität erforderlich ist, um ihre Wirkung auf den Körper wie auch auf die eigenen Gefühle und Empfindungen zu erspüren.

Die Geobiologin Blanche Merz hat ermittelt, dass unterhalb des Kirchenschiffs – und zwar im östlichen Längsschiff in Höhe des Chors und der Chorkapellen bis zur Höhe des Nord- und des Südportals – 14 unterirdische Wasserkanäle entlangfließen, die sich im Chor – etwas östlich des früheren Standorts des heiligen Brunnens – treffen. Die gleiche fächerförmige Anordnung von Wasserkanälen unterhalb der Kirche findet sich interessanterweise ebenfalls in der Kathedrale von Santiago de Compostela – dem Zielpunkt des Jakobswegs, an dem auch die Kathedrale von Chartres liegt.

Das Element Wasser, das für viele religiöse Stätten kennzeichnend ist, wird häufig durch die Allegorie einer Schlange, einer „Wouivre", bildlich dargestellt. In Chartres findet sich die Wouivre zu Füßen der Pfeilerfigur des Christus in der Mitte des Südportals: Zwei Drachenköpfe blicken sich gegenseitig an und werden durch den auf ihnen stehenden Christus gewissermaßen verbunden.

Mit einem Biometer, einem von dem Physiker Alfred Bovis entwickelten Maßstab zur Messung der energetischen Qualität des Ortes, wurden verschiedene Punkte in der Kathedrale vermessen. Das Biometer oder Bovis-Meter misst auf einer Skala zwischen 0 und 18.000 Bovis-Einheiten die Intensität der Strahlung des Ortes, die sich physisch auf den Menschen auswirkt. Der neutrale Mittelwert eines Ortes liegt etwa zwischen 6500 und 8000 Bovis-Einheiten. Niedrigere Messwerte zeigen an, dass dem Menschen am betreffenden Ort Energien abgezogen werden; weitaus höhere Messwerte bis zu 18.000 Bovis-Einheiten finden sich häufig an heiligen Stätten in aller Welt. Für Chartres nun hat Merz die sehr hohe Strahlung von 11.000 Bovis genau an dem Punkt ausgemacht, an dem die 14 unterirdischen Wasserläufe im Chor zusammenlaufen (in der Höhe des dritten Pfeilerpaars, von der Vierung aus gezählt). Dieser Bereich befindet sich, wie schon erwähnt, in der Nähe des ursprünglichen Standortes des heiligen Brunnens *Le-Puits-de-Saints-Forts* („Saints Forts" heißt übersetzt auch „heilige Kräfte") und des früheren Standortes des Hochaltars der Kathedrale, der ja im 18. Jahrhundert weiter in die Chorapsis verschoben wurde.

Eine noch höhere Strahlung ermittelte Merz im Labyrinth: In den Windungen des Labyrinths erreichen die Messwerte nur einen Durchschnittswert von 6500 Bovis-Einheiten; im Zentrum jedoch steigen sie auf 18.000 Bovis an, nachdem sie unmittelbar zuvor – quasi auf den letzten Schritten zum Zentrum, die der Pilger durchschreitet – auf 2000 Bovis abgefallen sind. Offensichtlich werden demjenigen, der das Labyrinth durchschreitet, zuerst Energien abgezogen, bevor er dann umso mehr angehoben wird (siehe Kapitel „Das Labyrinth" ab S. 108).

Der unterirdische Wasserlauf zieht sich nicht nur durch das östliche Längsschiff der Kirche, sondern in Windungen durch das gesamte Kirchenschiff. Der Wasserlauf hat eine Tiefe von 37 Metern, was in umgekehrter Richtung nach oben beinahe exakt der Gewölbehöhe des Kirchenschiffs entspricht.

Die Messungen von Merz wurden in neuerer Zeit von dem Diplomingenieur Robert Mayr überprüft, und zwar mittels eines Szintillationszählers, der die elektromagnetische Erdstrahlung (Gammastrahlung, mit sehr kurzer Wellenlänge) misst. Mayr konnte die Ergebnisse von Merz bestätigen. Außerdem stellte er eine besonders hohe Gammastrahlung genau in der Mitte des Westportals unter dem in der Vesica sitzenden Christus (siehe Abb. 17, S. 85) fest, einem weiteren Kraftpunkt am Ort der Kathedrale.

Die Kathedrale erhebt sich auf einem mit Lehm überschichteten Kalksteinhügel, der aus der Kalkstein-Ebene der Beauce herausragt. Die Polarität des Kalksteins und des aus Granit bestehenden Kirchenfußbodens im Inneren entfaltet eine besondere Wirkung. Während Kalkstein den Körper ermüdet wie ein Schwerkraftsog, wirkt ein Gang über Granit erfrischend und belebend. Der abwärts gerichtete Kalkstein hat eine zusammenziehende Qualität, der aufwärts gerichtete Granit dagegen ist ausdehnend. Der Gegensatz dieser geomantisch wirkenden Ströme bildet nicht nur für Chartres, sondern auch für andere heilige Orte einen Zugang, der die Vereinigung von himmlischen und irdischen Kräften ermöglichen soll.

3. Das Äußere der Kathedrale

*Westliche Ansicht mit den beiden Türmen,
der Fensterrose und dem Königsportal*

Der Tempel der Wiedergeburt

Ein Rundgang um die Kathedrale zeigt uns die Reichhaltigkeit der künstlerischen Gestaltung und offenbart uns in den Steinskulpturen der drei Portale etwas von der allegorischen Bilderwelt des Mittelalters, die lebendig zu den Menschen sprach. Schon der äußere Eindruck der Kathedrale war im Mittelalter ein völlig anderer als heute: Ist der Stein heute unbemalt und „nackt", so war die Kathedrale im 13. Jahrhundert überaus bunt und farbenfroh. Allein schon durch die Leuchtkraft der Farben bildete sie im Stadtbild einen Kontrast zu den einfachen Häusern und Hütten der Einwohner. Insbesondere die zahlreichen Steinmetzwerke an den Portalen – die Gewändefiguren, Archivolten, Tympana und Bogenstürze – waren bunt bemalt. Das Mittelalter kannte einen festen Farbkanon für die dargestellten Figuren – einen Kanon, der wohl den meisten Menschen der damaligen Zeit geläufig war, so dass sie nicht zuletzt anhand der Farben die Figuren erkennen konnten. Die Gewänder der heiligen Jungfrau zum Beispiel wurden stets in Himmelblau bemalt. Blau steht für die Offenbarung Gottes, das Gesetz. Christus wurde meist mit einem blauen Mantel über einem roten Untergewand dargestellt, denn Rot ist die Farbe Gottvaters und der Seraphim.

Mit unserem heutigen überwiegend verstandesorientierten Denken sind wir es gewohnt, uns bei der Betrachtung der Skulpturen an den Außenseiten der Kathedrale auf die Identifikation der dargestellten Figuren und der zu ihnen gehörenden biblischen Geschichten zu fixieren.

Doch stoßen wir damit schnell an die Grenzen des Verstehens und werden dem bildhaft-allegorischen Denken des Mittelalters nicht gerecht. Die Darstellungen wollen mehr sein als die Wiedergabe biblischer Szenen: Sie wollen im Menschen die Archetypen, die Urbilder der Seele, erwecken und lebendig werden lassen. Chartres hat die Aufgabe, als Tempel der Wiedergeburt den Menschen in ein höheres Bewusstsein zu heben, und genau dies wollen auch die Allegorien an den Portalen und in den Glasfenstern bewirken. Sie wollen uns mit unserem innersten Wesenskern in Verbindung bringen, sie wollen dem Menschen seine Stellung im kosmischen Gefüge verdeutlichen, und sie wollen unsere geistige Weiterentwicklung anregen und fördern.

Die Skulpturen sind von ihrer schieren Menge her so zahlreich, dass in diesem Führer auf eine vollständige Beschreibung, Wiedergabe und Deutung verzichtet werden muss. Es werden nur einige wesentliche Figuren und Szenen an den Portalen erläutert. Besucher von Chartres sind eingeladen, die Allegorien und Gestalten an den Außenseiten der Kathe-drale selbst zu entdecken und für sich zu deuten.

Die beiden Türme und die Westfassade

Die Westfassade erhielt im Wesentlichen zwischen 1144 und 1194 ihre heutige Gestalt. Dass sie romanischen Ursprungs ist und damit zum Teil auf den Fulbert-Bau aus dem 11. Jahrhundert zurückgeht, lässt sich daran erkennen, dass sich Rundbogen und Spitzbogen an den Türmen teilweise abwechseln.

Die Westfassade ist nicht streng symmetrisch, sondern weist leichte Asymmetrien auf, besonders bei der großen Fensterrose, der sogenannten Westrose: Die Mitte der Rose befindet nicht genau über der Spitze des mittleren Lanzettfensters, sondern ist leicht Richtung Nord (auf Abb. 13, S. 78 nach links) verschoben. Der Abstand der Rose zum Nordturm ist geringer als zum Südturm. Daran sieht man, dass bereits vorhandene Bauelemente der Romanik in die neue gotische Struktur integriert und mit dem Kirchenschiff harmonisch verbunden werden mussten. Die leichte Asymmetrie verleiht der Fassade eine gewisse Lebendigkeit.

Der frühgotische Südturm, auch „alter Turm" *(Clocher vieux)* genannt, gilt als einer der vollkommensten und schönsten Türme mittelalterlicher Kirchen. Er besticht durch die Klarheit seiner Linienführung, die Ausgewogenheit von wohlproportionierten Formen und die Zurückhaltung im Dekor. Die Baugestalt führt das Auge des Betrachters in rhythmischen Gliederungen in die Vertikale. Die Gliederungen ergeben sich aus den Fenstern und vorgeblendeten Säulchen, die jeweils durch horizontale Unterbrechungen den Eindruck von Stufigkeit erwecken. Im unteren Bereich wird der Turm auf der Südseite durch Strebepfeiler gestützt, die sich nach oben verjüngen.

Üblicherweise haben Kirchtürme einen quadratischen Aufbau, der ab einer bestimmten Höhe in ein Achteck überführt wird. Dies hat eine symbolische Bedeutung: Das Quadrat und die Zahl Vier stehen für das Irdische und das Materielle. Das Oktogon und die Zahl Acht stellen den Übergang zum Kreis und damit zur göttlichen Vollkommenheit dar; die Acht symbolisiert auch die Unendlichkeit. Jeder Kirchturm verweist somit von der irdischen Welt zu den höheren geistigen Welten.

Die oktogonale, nach oben spitz zulaufende Form wird durch den Turmhelm gebildet. Der Übergang vom Quadrat des Unterbaus zum Achteck des Helms ist ästhetisch nicht leicht zu bewältigen; an vielen Kirchen sieht er ungelenk und wenig gelungen aus,

Abb. 13: Die Westfassade mit Nordturm (links), Südturm (rechts), Fensterrose, drei Lanzettfenstern und Königsportal (Mitte unten)

anders jedoch am Chartreser Südturm: Hier wird die Zone des Übergangs durch acht Eckürmchen mit schlanken Giebeln und pyramidenförmigen Dächern „weich" gestaltet, während sie an anderen Kirchen oft „hart" aussieht. Der Turmhelm ist aus Stein, wenn auch seine Oberfläche die Anmutung von Schieferplatten imitiert; in früheren Zeiten mag seine Oberfläche durch die Sonne geschimmert haben. Wie alle übrigen Elemente des Baus, so ist auch der Südturm nach dem goldenen Schnitt gegliedert, und zwar liegt die harmonikale Teilung genau in der Höhe der Spitzen der acht Eckürmchen (in Abb. 13 durch die horizontale Linie in Turmhöhe markiert).

Ganz anders ist im oberen Teil der Nordturm, auch „neuer Turm" *(Clocher neuf)* genannt, gestaltet, dessen Helm von 1507 bis 1513 von Jehan de Beauce im Flamboyant-Stil errichtet wurde. Dieser für die späte Gotik charakteristische Stil wirkt verspielter und dekorativer als die strenge klare Formgebung des Südturms. Vermisst man den Nordturm nach dem goldenen Schnitt, so stellt man fest: Die Proportionen des zehn Meter höheren Nordturms orientieren sich am goldenen Schnitt des Südturms und nicht etwa an dessen eigener Höhe. Es finden sich am Nordturm zwar gliedernde Elemente wie horizontale Unterbrechungen, doch richten sie sich konsequent am Südturm und dem mittleren Teil der Fassade aus. Man mag daran sehen, wie sehr der spätgotische Architekt bemüht war, sein eigenes Werk mit der frühgotischen Westfassade in Einklang zu bringen und deren Stimmigkeit nicht durch eine abweichende „Individualität" des Nordturms zu gefährden. Durch die ungleiche Höhe der beiden Türme und die unterschiedliche

Gestaltung ihrer beiden Helme entsteht eine gewisse Spannung und Dynamik, die aber im Ganzen harmonisch aufgelöst wird. – Sowohl der Nord- als auch der Südturm tragen auf ihrer Spitze jeweils einen Halbmond und eine Kugel als Symbol der Sonne, womit auf den Ausgleich zwischen männlichen und weiblichen Kräften hingewiesen wird. Der alte Turm ist dem Erzengel Gabriel geweiht, der neue Turm dem Erzengel Michael.

Engel, Esel und Schwein auf der Südwestseite

Abb. 14: Engel mit der Sonnenuhr

Zu beiden Türmen gab es in früheren Zeiten an der Nord- und an der Südseite jeweils separate Eingänge, die später zugemauert wurden. Auf der Südseite erkennt man noch heute den ehemaligen Eingang, der die Form einer auffälligen Nische rechts neben dem Engel mit der Sonnenuhr hat (siehe Abb. 15, S. 81). Dieser Engel ist eine jener bezaubernden Steinplastiken, die durch ihr geheimnisvolles Lächeln den Betrachter faszinieren (siehe Abb. 14). Wahrscheinlich war der Engel ursprünglich eine der Gewändefiguren am Westportal und wurde erst später an die Südwestecke verlegt sowie mit Flügeln versehen; die Sonnenuhr erhielt er 1528. Der Engel ist die Nachbildung eines durch Witterungs- und Umwelteinflüsse stark in Mitleidenschaft gezogenen Originals, das heute noch in der Krypta zu sehen ist.

Abb. 15: Engel, Esel und Sau – dazwischen zwei ehemalige Portale

Rechts neben dem Engel mit der Sonnenuhr findet sich die Skulptur eines Leier spielenden Esels. Über diese sonderbare Darstellung an einer christlichen Kirche hat man sich oft gewundert und wusste sie nicht recht zu deuten, obwohl sie, ausgehend von Chartres, an vielen Kirchen entlang der *Loire* nachgeahmt wurde. Aus der Antike ist vom griechisch-römischen Dichter Phaedrus eine kurze Fabel vom Esel überliefert (*Liber Fabularum*, App. Perrottina 14, übersetzt von S. Klug):

Engel, Esel und Schwein auf der Südwestseite

„Ein Esel sah eine Leier auf der Wiese liegen. Er kam herbei und betastete eine Saite mit einem seiner Hufe. Durch seine Berührung erklangen Töne. ‚Das ist eine schöne Sache', rief er aus, ‚aber beim Herkules, es fehlt mir doch erheblich an Können, weil ich unwissend bin! Wenn sich jedoch ein Klügerer fände, dann könnte er die Ohren mit göttlichen Klängen erfüllen.' Auf diese Weise gehen Talente oft durch Missgeschick verloren."

Abb. 16: Esel

Ein anderer Text des in der Kathedralschule von Chartres häufig gelesenen Philosophen Boethius thematisiert ebenfalls den Esel *(Trost der Philosophie,* zit. nach Halfen, S. 76):

„Wer mit heiterem Sinn das Leben geordnet,
Wer das stolze Geschick sich zwang zu Füßen,
Wer das wechselnde Glück mit festem Auge
So betrachtet, dass nie ihm zuckt die Wimper.
Den beugt nimmer ... das Dräun des Meeres, ...
Doch wer bebend verzagt oder Wünschen nachhängt,
nimmer steht er fest, ist nie sein eigen. ...
Empfindest du dies, sprach sie [die Dame Philosophie],

dringt es in deinen Geist? Oder stellst du dich wie der Esel zur Leier? ..."

Der Esel in Chartres kann zweifach interpretiert werden: Er steht für denjenigen, der seine Talente und Fähigkeiten noch nicht entfaltet hat, weil er fremden Wünschen nachhängt, wie auch für denjenigen, der sie wieder verloren hat, weil er sie für Tätigkeiten vergeudet, die ihm nicht liegen.

Auf der rechten Seite neben dem Esel befindet sich die „spinnende Sau", von der heute nur noch ein Rest erhalten ist. Sie steht für die niederen tierischen Antriebe im Menschen. Im Mittelalter lag der Ausgang für die Pilger in der heute zugemauerten Tür zwischen dem Engel und dem Leier spielenden Esel. Dies entspricht der kosmischen Ordnung: Der Mensch nimmt genau die Mittelstellung ein zwischen der geistigen Welt, dargestellt durch den Engel, und der Tierwelt, dargestellt durch Esel und Sau. Und so wie der Esel seine wahren Talente entweder noch gar nicht erkannt oder sie schon wieder verloren hat, genauso kann auch der Mensch mehr zum einen oder zum anderen neigen. Doch was bedeutet die Sonnenuhr in den Händen des Engels?

Wenn man die drei allegorischen Gestalten Engel, Esel und Schwein zusammennimmt, so lässt sich ihre Bedeutung folgendermaßen in Worte fassen: „Mensch, bedenke wohl die Zeit! Vergeude deine Talente nicht wie der Leier spielende Esel mit Beschäftigungen, die nicht deinen Fähigkeiten entsprechen. Sonst bist du in Gefahr, zum

‚Spinner' zu werden, der sich im Verstandesdenken verirrt, und wieder auf die animalische Ebene des Schweins hinabzusinken."

Das Königsportal

Das Westportal wird von altersher auch als „Königsportal" bezeichnet. Es hat die für gotische Kirchen typische Dreigliederung in ein Haupt- und zwei Seitenportale. Unübersehbar thront an zentraler Stelle im Tympanon des mittleren Portals Christus in der Mandorla, der „Fischblase" oder „Vesica piscis", wie sie auch genannt wird (siehe Abb. 17, S. 85). Das Zeichen der frühen Christen war bekanntlich der Fisch, weil seit dem Jahr null der Sonnenaufgang zum Zeitpunkt der Frühlings-Tagundnachtgleiche im Sternzeichen Fische stattfindet. Außerdem ist die Mandorla auch im gotischen Spitzbogen verborgen und bildet dessen obere Hälfte. Christus wird auf typische Weise mit einer segnenden Geste der rechten Hand und dem heiligen Buch in der linken dargestellt. Sein Kopf ist von einer Aura umgeben, in der ein gleichschenkliges Kreuz erkennbar ist. Die Darstellung Christi folgt dem Johannes-Evangelium mit den Worten:

„Ich bin die Tür. So jemand durch mich eingeht, wird er selig werden" (Joh. 10,9).

Umgeben ist Christus von vier Tiergestalten, die allegorisch die vier Evangelisten darstellen: Der Mensch steht für Matthäus, der Löwe für Markus, der Stier für Lukas und der Adler für Johannes. Über Christus befindet sich im inneren Bogenlauf eine Taube als Zeichen des heiligen Geistes, und im äußeren Bogenlauf halten zwei Engel eine Krone über sein Haupt. In den inneren Archivolten sind 12 Engel dargestellt, die nach der Offenbarung des Johannes die Wächter der Tore des Neuen Jerusalems sind.

Abb. 17: Westportal Mitte, Tympanon und Archivolten mit Christus in der Fischblase und den vier Evangelisten in Tiergestalt, darunter die Apostel

Sieben der Engel halten ein Astrolabium in der Hand, ein seit der Antike bis in die frühe Neuzeit verwendetes Messinstrument zur Bestimmung der Sterne und der Uhrzeit. In den beiden äußeren Archivolten sind die 24 Ältesten der Offenbarung dargestellt, die, in majestätischer Ruhe thronend und mit verschiedenen Musikinstrumenten versehen, „das neue Lied" (Offb. Joh. 14, 3) verkünden.

Unterhalb von Christus im Türsturz befinden sich die 12 Apostel, jeweils mit Büchern oder Schriftrollen in den Händen und diese entweder deutlich zeigend oder nach oben haltend. An den beiden äußeren Enden links und rechts neben ihnen sind Elias und Henoch dargestellt. Sie haben keine Schriften in den Händen, denn sie bedürfen der Buchgelehrsamkeit nicht, weil sie leibhaftig in den Himmel aufgestiegen und dort „das Wort" geschaut haben. Was Henoch in der Hand hält, könnte eine Schriftrolle sein, doch weist sie deutlich nach unten, womit ihre geringe Bedeutung gezeigt wird. Die 12 Apostel werden so dargestellt, als ob sie sich – wie antike Philosophen oder die Schüler der Kathedralschule von Chartres – in einem philosophischen Dialog befänden.

Das rechte Seitenportal ist Maria gewidmet. Zentral ist hier die Darstellung im oberen Tympanon: Maria mit dem Jesus-Kind auf dem Schoß (siehe Abb. 18), umgeben von zwei Engeln. Im unteren Türsturz, von links nach rechts gesehen, sind in zeitlicher Abfolge verschiedene Szenen aus dem Leben Marias dargestellt: Ganz links verkündet der Erzengel Gabriel ihr, dass sie schwanger ist. Rechts daneben wird die Heimsuchung gezeigt, der Besuch Marias bei Elisabeth, die sie – inzwischen schon zur Königin geworden – liebevoll an der Hand hält.

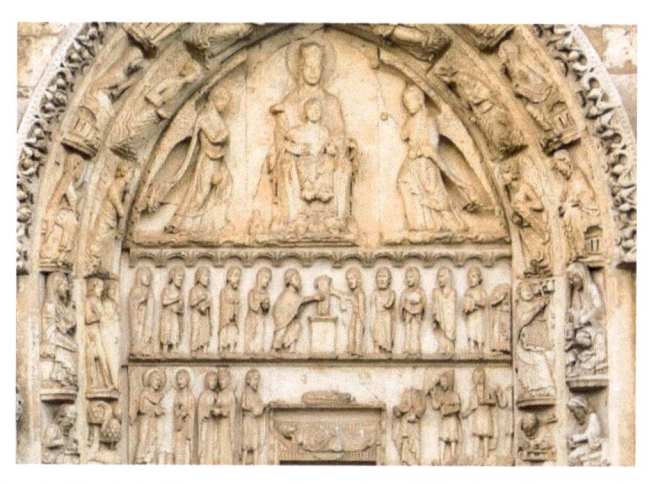

Abb. 18: Maria im Tympanon der rechten Seite des Westportals

Es folgt die Geburt Jesu, die auf ungewöhnliche Art gezeigt wird: Maria liegt in einem geschlossenen sarkophagähnlichen Bett, die rechte Hand am Ohr. Auf dem Bett steht ein Körbchen, in dem, leider heute weitgehend zerstört, Jesus als Wickelkind liegt, umgeben von Ochse und Esel, die nicht mehr zu erkennen sind. Diese Darstellung ähnelt auffällig derjenigen des mittlerweile zerstörten Lettners (siehe Abb. 7, S. 46). Jesus als Wickelkind ist eine Allegorie für das noch unentwickelte, nicht entfaltete Bewusstsein des Menschen, dass sich erst wenig vom animalischen Bewusstsein entfernt hat. Ein Ochse ist, ebenso wie ein Muli, ein unfruchtbares Tier, und genauso ist der Mensch mit unentwickeltem Bewusstsein noch unfruchtbar in höherer geistiger Hinsicht. Rechts neben dieser Szene wird die Verkündigung an die Hirten dargestellt, von denen einer auf einer Panflöte spielt. Im Türsturz darüber ist die Darstellung Jesu im Tempel zu sehen. Ungewöhnlich, dass der kleine Jesus auf einer Säule steht, links und rechts gehalten von Josef und Maria. Weitere Angehörige zu beiden Seiten der heiligen Familie wohnen der Zeremonie bei; einige von ihnen halten Tauben in den Händen, die nach dem Lukas-Evangelium als Opfer dargebracht wurden.

In den Archivolten sind um die Marienszenen herum die sieben freien Künste der Schule von Chartres dargestellt, jeweils versehen mit einem typischen Gelehrten als Vertreter jeder Kunst (vgl. Abb. 19). In der äußeren Archivolte befinden sich die folgenden Darstellungen in der Reihenfolge von links unten nach rechts unten: Aristoteles und Dialektik, Cicero und Rhetorik, Euklid und Geometrie, Arithmetik und Boethius, Astronomie und Ptolemäus, Grammatik und Donatus. In der unteren Archivolte sind in gleicher Reihenfolge zu sehen: die Sternzeichen Fische und Zwillinge, drei Engel, die Hand Gottes, drei Engel, Musik und Pythagoras.

Abb. 19: Rechtes Westportal; linkes Bild: Ausschnitt aus den sieben freien Künsten, oben Dialektik und Zwillinge, unten Aristoteles – rechtes Bild: oben: Musik und Grammatik, unten Pythagoras und Donatus

Die Dialektik wird mit einem wirrem Haarschopf dargestellt, der sich aber auch noch anders deuten lässt, nämlich als kleiner Drache. Dies zeigt die Gefahr, die mit der Dialektik (= Logik) verbunden ist und deren man sich in Chartres bewusst war: Das rein logisch-kausale Denken des Verstandes – im Mittelalter erst in seinen Anfängen entwickelt – wird, sobald es seine emotionale Herzens- und damit die Vernunftkomponente verliert, wirr und zerstörerisch wie ein Drache; es beißt denjenigen, der es hervorgebracht hat. Der Sieg über den Drachen ist in allen Mythologien ein wichtiges Motiv der Selbstwerdung des Menschen. In der linken Hand hält die Dialektik ein Szepter – als Zeichen für den Menschen, der es erfolgreich geschafft hat, das wirre Denken zu überwinden und seine höhere Intelligenz zu entwickeln.

Geradezu humorvoll mutet die Darstellung der Grammatik an. Als Lehrerin mit Zuchtrute hat sie einen etwas herben Zug um die Mundwinkel und zwei Schüler unter sich: einen braven fleißigen und einen unartigen. Der fleißige ist bekleidet und in sein Buch vertieft, während der faule beinahe nackt ist, sich nicht für sein Buch interessiert und zu allem Überfluss auch noch den fleißigen an den Haaren zieht.

Das linke Seitenportal wird häufig als Allegorie der Auferstehung Christi gedeutet. Vordergründig scheint dies auch der Fall zu sein, denn im Tympanon steht anscheinend Christus auf einem Wolkenband, umgeben von zwei Engeln, und im Türsturz sind wiederum die Apostel abgebildet. Doch es gibt einige Dinge, die sich nicht in diese Deutung einfügen wollen. Mit diesem Portal wird meiner Ansicht nach noch etwas anderes angesprochen, und zwar dasjenige, dem die Kathedrale von Chartres von alters her gewidmet ist: die Wiedergeburt des Menschen in ein höheres Bewusstsein. Dementsprechend sind die zehn Gestalten im Türsturz nicht etwa die Apostel, sondern diejenigen Menschen, die es zur *irdischen* Vollkommenheit gebracht haben (Zehn ist die Zahl der irdischen Fülle), aber noch nicht darüber hinaus. Mehrere von ihnen wenden ihre Köpfe deutlich nach oben, als ob sie zu den höheren Sphären hinstrebten. Die seltsam anmutenden Engel über ihnen strecken diesen Menschen ihre Hände und Flügel entgegen – sogar über die horizontale Abgrenzung, das Zeichen der Grenze der irdischen Welt, hinaus –, als ob sie sie hinaufziehen wollten; zugleich verweisen die Engel nach oben auf das Ziel, nämlich auf den höheren Menschen, der das Christusbewusstsein in sich entfaltet hat. Genau dieser Mensch ist es, der über dem Wolkenband schwebend im oberen Teil des Tympanons dargestellt wird und der sein volles Bewusstseinspotenzial entfaltet hat.

In den Archivolten rund um dieses Geschehen sind die Tierkreiszeichen angeordnet, und zu jedem Zeichen wird eine typische Monatsarbeit aus dem bäuerlichen Umfeld oder eine Allegorie gezeigt. Jeder Archivoltenschenkel zeigt drei Monate, die von unten nach oben ansteigen und dann auf der gegenüberliegenden Seite fortgesetzt werden. Januar, Februar und März sind auf der inneren rechten Archivolte dargestellt, April, Mai und Juni auf der inneren linken; Juli, August und September stehen auf der äußeren linken Archivolte, Oktober, November und Dezember auf der äußeren rechten. Zu den praktischen Tätigkeiten und Allegorien gehören zum Beispiel der Januskopf des Januars, die Getreideernte im Juli, das Schlachten eines Schweins im November und das Feiern eines Paares im Dezember.

Interessanterweise sind die Sternzeichen für März und Juni, Fische und Zwillinge, nicht im linken Seitenportal zu sehen, sondern sie wurden ins rechte Seitenportal in die Archivolten versetzt (siehe Abb. 18, S. 87). Damit ist ein Bezug zum dortigen Thema, der Geburt Jesu, hergestellt. Insbesondere das Fehlen des Sternzeichens Fische im linken Portal verweist darauf, dass der Mensch das Christusbewusstsein im Fischezeitalter – dem jetzigen Zeitalter, das sich seinem Ende zuneigt – noch nicht erreichen wird. Bevor er geistig so hoch aufsteigen kann, muss er zunächst neu geboren werden, wie im rechten Portal dargestellt.

Geheimnisvoll überirdisch entrückt erscheinen uns an den drei Portalen die Gewändefiguren, die auf hohen Konsolen zwischen Himmel und Erde schweben – übergroß, als ob sie direkt aus den Säulen hervorträten (vgl. Abb. 20, S. 92). Mehrere ihrer Köpfe sind von einer Aura umgeben, und viele zeichnen sich durch ein wissendes, glückseliges Lächeln aus. Ursprünglich waren es 24 Figuren, von denen nur 19 erhalten und die meisten namentlich nicht mehr sicher identifizierbar sind. Alle Figuren werden mit einer segnenden Geste dargestellt, würdevoll und hoheitlich. Ihre Haartracht und ihre Kleidung wie auch ihre gesamte Erscheinung schwankt zwischen christlicher Darstellung einerseits und höfischer Würde des mittelalterlichen Adels andererseits. Es finden sich biblische Gestalten – Patriarchen, Propheten, Könige und

Königinnen des Alten Testaments – ebenso wie Adlige und Könige der damaligen Zeit darunter, beide in einem fließenden Übergang.

Namentlich eindeutig belegt sind nur die Königin von Saba am mittleren Portal (dritte von links auf der rechten Seite) sowie neben ihr König Salomo. Bemerkenswert erscheint die Figur direkt an der Pforte auf der linken Seite des mittleren Portals (dritte von links): Ihre Gesichtszüge gleichen in fast allen Details der Darstellung Christi in der Mandorla des Tympanons darüber. Sollte Christus hier ein zweites Mal erscheinen und gewissermaßen die Besucher, die die Kirche durch das mittlere Portal betreten, aus unmittelbarer Nähe direkt begrüßen?

Abb. 20:
Gewändefiguren
Westportal Mitte:
Jesse, König David,
Königin von Saba,
König Salomo

Das Nordportal

Das Nordportal entstand ab 1204, etwa 50 Jahre nach dem Westportal. Sogleich bemerken wir hier eine völlig veränderte Atmosphäre. Die Skulpturen wirken hier im Stil wie in ihrer Ausstrahlung ganz anders: Stand am Westportal vielfach das überirdische Geschehen im Vordergrund, so wirken die Skulpturen am Nordportal, lebensnäher, lebendiger und „greifbarer". Thema des Nordportals ist der alte Bund beziehungsweise das Alte Testament: Die Menschheit harrt auf ihre Erlösung; sie wartet auf Christus. Daher befinden sich die hier dargestellten Szenen – die Zeit von der Schöpfung bis zur Ankunft Jesu – auf der Nordseite, denn der Norden ist diejenige Himmelsrichtung, die im Dunkel liegt, zu der das Licht nicht vorgedrungen ist.

Die zentrale Statue am Mittelpfeiler des mittleren Portals ist die heilige Anna mit Maria auf dem Arm (siehe Abb. 21, S. 95). Anna steht hier für das Mysterium des Weiblichen und verkörpert den Schoß der Vergangenheit, aus dem heraus sich das Leben Generation für Generation gebiert. Der Tympanon darüber greift ebenfalls das Thema der großen Mutter auf, diesmal mit Maria als Hauptperson: Sie sitzt als Himmelsgöttin zur Rechten von Christus, umgeben von zwei Engeln. Dies ist das Symbol der mystischen Hochzeit des Weiblichen mit dem Männlichen, der vollkommene Ausgleich der beiden Pole der diesseitigen Welt. Über den beiden Figuren ist in Form eines Baldachins das Neue Jerusalem abgebildet. Am Türsturz darunter ist der Tod Marias und ihre leibliche Aufnahme in den Himmel dargestellt.

Die Gewändefiguren sind Gestalten des Alten Testaments. Ganz links steht Melchisedek, der als König von Salem galt. Über Christus heißt es, er sei „ein Priester nach der Ordnung des Melchisedek" (Hebr. 6,20); dementsprechend ist er also einer derjenigen Priester, die Christus vorausgegangen sind. Melchisedek hält einen Kelch mit Wein in der Hand, der auch als Gral gedeutet wird. Rechts daneben steht Abraham mit seinem Sohn Isaak – eine bewegende Szene, in der die ganze Geschichte Abrahams in einem einzigen Bild verdichtet wird: Gott hat Abraham aufgefordert, seinen Sohn zu töten. Zärtlich hält er seine Hand um den Kopf des gefesselten Isaak, in der anderen Hand das Messer, mit dem er sein geliebtes Kind gegen seinen Willen töten muss. Doch im letzten Moment greift Gott ein und verhindert das Opfer, indem er einen Widder, dargestellt zu Füßen Abrahams, als Ersatz herbeibringt. In der Skulptur wird genau derjenige Augenblick dargestellt, in dem Gott, von oben eingreifend, Abraham an seinem Kindesopfer hindert – erkennbar an dem aufwärts gerichteten Blick Abrahams und Isaaks. Veranschaulicht wird damit, dass der Mensch bereit sein soll, für seine Weiterentwicklung sogar sein Liebstes im vollkommenen Vertrauen hinzugeben, um es aus der Hand Gottes in neuer Form wiederzuerhalten. – Rechts daneben befindet sich Moses, in der linken Hand die Gesetzestafeln und mit der rechten Hand auf einen Stab verweisend, um den eine Schlange gedreht ist, ähnlich dem Äskulapstab. Es folgt Samuel, der den neben ihm stehenden David zum König salbte.

Abb. 21: Nordportal Mitte: links Pfeiler mit Anna, die Maria auf dem Arm hält; rechts Jesaja, Jeremias, Simeon, Johannes der Täufer und Petrus

Auf der rechten Seite des Mittelpfeilers (siehe Abb. 21) sind frühe Künder des späteren Wirkens von Jesus zu sehen: zuerst Jesaja, der als Prophet den Messias voraussagte, neben ihm Jeremias, der die Klagelieder über die babylonische Gefangenschaft Israels verfasste und ebenfalls den neuen Bund mit Christus prophezeite. In seiner Linken hält er das Sonnenkreuz, das aus einer Sonnenkugel besteht, hier als Fläche mit einem gleichschenkligen Kreuz dargestellt. Der alte Simeon rechts neben Jeremias trägt das Jesuskind auf seinen Armen. Johannes der Täufer ist der Vorläufer von Christus, den er als Lamm Gottes bezeichnete, das er symbolisch in seinen Armen hält. Ganz rechts steht Petrus, der Fels, auf den Christus seine Kirche gebaut hat und der zu seinen Füßen erkennbar ist. Petrus trägt den Himmelsschlüssel und wird ebenfalls als Priester dargestellt, erkennbar an der typischen

95

Brustplatte alttestamentlicher Hohepriester, die mit 12 Edelsteinen für die 12 Stämme Judas besetzt ist.

Die äußeren Archivolten der Vorhalle des Mittelportals erzählen auf großartige Weise in bewegenden Szenen die Schöpfungsgeschichte der Genesis. Sie beginnt im unteren Teil mit der Trennung von Himmel und Erde, von Licht und Finsternis und der Scheidung der Gewässer; sie schreitet fort mit der Erschaffung der Pflanzen, Tiere und Bäume und gipfelt schließlich in der Erschaffung Adams an der Spitze der Archivolten links, der genau auf der gegenüberliegenden Seite die Erschaffung Evas gegenübersteht. Gottvater wird äußerlich, wie im Mittelalter üblich, genauso wie Christus dargestellt, umgeben von einem Kreuznimbus.

Herausragend ist die Erschaffung Adams. Zuerst wird nur sein Kopf neben dem Gottes sichtbar: Gott „erdenkt" den Menschen, hat ihn aber noch nicht ins Leben gerufen. In einer weiteren Szene wird gezeigt, wie Adam erschaffen wird (siehe Abb. 22). Sein Kopf ruht auf dem Knie Gottes und wird liebevoll vom Schöpfer umfasst. Gottvater strahlt

Abb. 22: Vorhalle des Nordportals, Gott erschafft Adam

sinnende Weisheit, väterliche Güte und Liebe zu seinem Geschöpf aus. Adam hat die Augen geschlossen; er, der noch unerwachte Mensch, schmiegt sich an den Schoß Gottes, als ob er unschlüssig wäre, ob er aus der Geborgenheit Gottes in die Dunkelheit der Welt hinausgehen will. Auf der gegenüberliegenden Seite der Archivolten führt Gott die erschaffene Eva liebevoll an der rechten Hand, während er sie mit der anderen Hand segnet.

Das linke Seitenportal ist der Jungfrau Maria gewidmet. Im Türsturz wird im linken Teil Maria im Wochenbett gezeigt, darüber Jesus, der hier – zum dritten Mal – als Wickelkind, umgeben von Ochse und Esel, dargestellt ist. Rechts daneben ist die Verkündigung der Hirten zu sehen und darüber die Anbetung Jesu durch die drei Weisen, über ihnen der Stern von Bethlehem als achteckiges Gebilde. Bei den Gewändefiguren wird – ähnlich wie am Westportal – links wiederum die Verkündigung an Maria durch den Erzengel Gabriel dargestellt, auf der gegenüberliegenden rechten Seite die Begegnung Marias mit Elisabeth. In den Archivolten finden sich Darstellungen der törichten und der klugen Jungfrauen sowie der Tugenden und der Laster.

Im rechten Seitenportal, das das Alte Testament thematisiert, wird im Tympanon das Leiden Hiobs dargestellt. Er liegt, umgeben von Freunden und seiner Frau, auf einem Haufen Schmutz und kratzt an seinen Geschwüren, während er vom Teufel ausgelacht wird. Hiob wurde schwer geprüft und überwand sein Leiden, indem er es annahm und sich der Weisheit Gottes unterordnete. Über ihm erscheint Christus mit zwei Engeln – als Zeichen dafür, dass Hiob den Christus in sich

Das Nordportal

Abb. 23: Südportal Mitte: in der Mitte Jesus mit segnender Geste, im Tympanon darüber u.a. die Engelhierarchie

in seinem Bewusstsein hat lebendig werden lassen. Im Türsturz wird das Urteil Salomos gezeigt, und zwar genau jene Szene, durch die die „salomonische Weisheit" sprichwörtlich wurde: Salomo musste entscheiden, welche von zwei Frauen, die sich beide als Mütter ein und desselben Babys ausgaben, die rechte war. Salomo wollte das Kind entzweischneiden und beiden Frauen jeweils eine Hälfte geben. Die wahre Mutter gab sich dadurch zu erkennen, dass sie auf das Kind verzichtete, um sein Leben zu retten. Salomo erscheint außerdem als Gewändefigur auf der linken Seite neben Bileam und der Königin von Saba. Auf der gegenüberliegenden Seite sind Ezechiel, Sarah und Joseph, der Sohn Davids, dargestellt.

In den Archivolten der Vorhalle wird erneut der Kalenderzyklus mit allen Monaten und Sternzeichen abgebildet. An der Westseite der Vorhalle sind die Statuen des heiligen Potentians und der Modesta zu sehen. Trotz ihrer jugendlichen Erscheinung zeichnet sich Modestas Gesichtsausdruck durch Entschiedenheit und Klarheit aus.

Das Südportal

Das Südportal ist dem Neuen Testament gewidmet mit Christus im Mittelpunkt. Im Süden steht die Sonne am höchsten, und symbolisch steht Christus für die Sonne und das Licht, das er der Menschheit gebracht hat. Das Südportal entstand ab 1210, die Vorhallen wahrscheinlich ab 1224.

Im mittleren Portal ist Christus als zentrale Pfeilerfigur mit segnender Geste dargestellt (siehe Abb. 23, S. 98). Zu seinen Füßen ist die Wouivre zu sehen, die entsprechend dem 91. Psalm auch als Löwe und Drache gedeutet werden kann. Die Gewändefiguren rechts und links von Christus sind die 12 Apostel, die in ihren Händen meist die Waffen tragen, mit denen sie getötet wurden. In der frühchristlichen Kirchenliteratur wie auch in einigen klassischen Werken, die in der Schule von Chartres gelesen wurden, hieß es, dass die 12 Apostel, wenn sie vereinigt sind wie die 12 Monate, das „vollkommene Jahr" – also das platonische Jahr – darstellen. Tag, Sonne und platonisches Jahr wurden mit Christus gleichgesetzt, die Stunden und Monate mit den Aposteln. Hier wird also eine Verbindung zur Zeit hergestellt, die durch die Südlage des Portals noch unterstrichen wird.

Im Tympanon wird das Jüngste Gericht dargestellt. Es trägt aber keine bedrohlichen Züge: Christus erscheint nicht als Weltenrichter, sondern erhebt seine Hände in einer Geste, die sowohl eine Segnung wie auch das Zeigen seiner Wundmale ausdrücken kann. Zu seiner Linken und Rechten sitzen Maria und der Apostel Johannes, die als letzte

Getreue unter dem Kreuz standen und von Jesus einander anempfohlen wurden. Im Hinblick auf Johannes besteht eine besondere Beziehung zur Reliquie von Chartres: Der Schrein, in dem das Gewand der Jungfrau aufbewahrt wurde, enthielt auch eine Handschrift des Johannes-Evangeliums.

Bemerkenswert ist, dass Christus hier nicht, wie sonst häufig bei Darstellungen in anderen Kathedralen, als Gekreuzigter erscheint, sondern sitzend als Menschensohn. Das Kreuz über ihm, von dem nur noch der Längsbalken erhalten ist, wird von zwei Engeln, die ursprünglich den Querbalken getragen haben, teilweise mit Tüchern verhüllt. Hier zeigt sich erneut, wie sehr man sich in Chartres als der Kathedrale der Wiedergeburt des Menschen zurückgehalten hat mit der Darstellung des Kreuzes als Leiden Christi.

Im Türsturz unterhalb von Christus befindet sich der Erzengel Michael mit der Seelenwaage. Er galt schon in der frühchristlichen Literatur als Geleiter der Seelen und wurde damit als Erbe Merkurs und Hermes' angesehen. Links von Michael werden die Seligen – nackt dargestellt als Zeichen für ihre Unschuld – von Engeln geleitet; rechts werden die Verdammten von Teufeln abgeführt, unter ihnen eine Adlige, eine Nonne und ein Geizhals mit einem Geldsack (siehe Abb. 24, S. 101).

Abb. 24: Seelengericht: Die Bösen werden von Teufeln abgeführt

Darüber befindet sich in den Archivolten die Darstellung der Engelhierarchie der neun Engelchöre, die der Beschreibung von Dionysius folgt. Dieser soll von Clemens I. als Missionar nach Gallien geschickt worden sein und auch in Chartres die erste Kirche gegründet haben. Er war der erste Bischof von Paris und wurde dort enthauptet. Über seinem Grab entstand das Kloster Saint-Denis, dessen Kirche durch das Wirken Abt Sugers zur ersten gotischen Kathedrale Frankreichs wurde. Dionysius ist der Verfasser des Werkes *Über die himmlische Hierarchie*. Nach ihm gehen aus Gott als der Quelle schöpferischen Lichts die Seinsstufen bzw. die Hierarchie der Engel („Hierarchie" = „göttliche Herrschaft") hervor. Die erste Triade umfasst die Seraphim, die Cherubim und die Throne, die in den unteren Archivolten dargestellt sind und als höchste Wesenheiten Jesus und Gott am nächsten stehen. Die Seraphim tragen

Das Südportal

in beiden Händen Flammen, und Dionysius nennt sie ebenfalls „Entflammer"; er spricht von ihrem immer währenden Bewegtsein um das Göttliche, von ihrer Glut, mit der sie das Göttliche umkreisen. Die Engelhierarchie ist ebenfalls in einem Glasfenster dargestellt (siehe S. 105 und Abb. 34, S. 131).

Die Cherubim auf der linken Seite der Seraphim haben in ihrer Hand eine Kugel als Symbol für die Kraft des Erkennens und der Weisheit. Sie stehen für die höchste Erkenntniskraft und vollendete Mitteilungsfähigkeit. Die Throne (in der zweiten Archivolte links) sitzen auf Thronen und stehen symbolisch für die höchste Willenskraft.

Die zweite Triade umfasst Wesen, die schon etwas weiter vom Göttlichen entfernt sind. Es sind dies die Kyriotetes (Herrschaften), die Dynameis (Mächte/Kräfte) und die Exusiai (Gewalten). Sie befinden sich auf der rechten Seite in der zweiten, dritten und vierten Archivolte. Die Herrschaften tragen Kronen und Szepter, weil sie die Ausführer höchster Befehle sind. Die Mächte stehen für die Tugenden, und die Gewalten, die Schwerter tragen, sind die Geister der Form.

Auf der untersten Stufe schließlich sind die Archai (Fürstentümer), die Archangeloi (Erzengel) und die Angeloi (Engel), die auf der linken Seite der dritten, vierten und fünften Archivolte zu sehen sind. Die Fürstentümer halten jeweils ein Szepter in der Hand, die Erzengel ein Buch. Die Fürstentümer sind Schutzengel für ganze Länder, und die „einfachen" Engel haben die Aufgabe, zwischen den Menschen und den höheren Sphären zu vermitteln.

Gegenüber der ursprünglichen Hierarchie von Dionysius wurden in Chartres zwei Engelchöre in ihrer Reihenfolge gegeneinander vertauscht, und zwar die Mächte und die Fürstentümer. Diese Veränderung geht auf Papst Gregor den Großen zurück.

Das linke Seitenportal ist den Märtyrern gewidmet. Im Tympanon ist Christus mit zwei Engeln dargestellt, im Türsturz die Geschichte des Märtyrers Stephanus. Die Archivolten sind mit zahlreichen Märtyrern versehen, und auch die Gewändefiguren sind Märtyrer (siehe Abb. 25). Auf der linken Seite sind Theodor (Roland), Stephanus, Papst Clemens I. und Laurentius dargestellt.

Abb. 25: Linkes Seitenportal, rechtsseitige Gewändefiguren: Vincentius, Dionysius, Rusticus (oder St. Piat), Georg

Das rechte Seitenportal ist das Portal der sogenannten Bekenner, die durch ihren Lebenswandel zu Vorbildern der christlichen Kirche wurden. Tympanon und Türsturz teilen sich der heilige Martin (links) und der heilige Nikolaus (rechts), die in typischen Szenen aus ihrem Leben dargestellt werden. Die berühmte Mantelteilung Martins, des späteren Bischofs von Tours, der sich um die Christianisierung der keltischen Bevölkerung Frankreichs bemühte, fand in Amiens statt. Nikolaus, Bischof von Myra in Kleinasien, half drei Töchtern eines verarmten Edelmanns, indem er nachts heimlich einen Geldbeutel durchs Fenster warf. Über Martin und Nikolaus sitzt oben Christus. Auch die Gewändefiguren stellen Bekenner dar.

In den Archivolten werden – analog zur himmlischen Hierarchie des rechten Seitenportals – Gestalten der kirchlichen Hierarchie wie Erzbischöfe, Päpste, Bischöfe, Äbte, Priester, Kaiser und Kleriker dargestellt. Dieses Portal ist für die Menschen des Mittelalters das „lebensnahe" Portal beliebter Heiliger, Zunftpatrone und Nothelfer, die jeder kannte und gerne anrief.

Abb. 26: Rechtes Seitenportal, linksseitige Gewändefiguren: Laumer, Silvester, Ambrosius und Nikolaus

4. Das Innere der Kathedrale

Ausschnitt aus dem Fenster des Hl. Apollinaire

Nach der äußeren Betrachtung der Portalskulpturen als physischer, lebensnaher Objekte begeben wir uns nun in das Innere der Kathedrale. Dunkel umfängt uns. Nur einen kleinen Ausschnitt des gewaltigen Kirchenschiffs nehmen wir auf den ersten Blick wahr: das Mittelschiff bis zum Hochaltar des Chors. Den Blicken verborgen bleiben zunächst die meisten Glasfenster, die seitlichen Längsschiffe, das Labyrinth, das Querschiff mit den Portalen und der Chorumgang. Das Auge des Besuchers wird geradlinig nach vorne in den Chor und zu seinen Fenstern gelenkt.

So wie das Dunkel der materiellen Welt nur durch das Licht des Geistes erhellt wird, so wird das Innere der Kathedrale beinahe nur durch das farbige Licht der Glasfenster erhellt. Doch dieses Licht erscheint viel weniger greifbar und sinnlich als die lebendigen Gestalten an den Portalen, die fast auf Augenhöhe zu uns sprachen. Wir befinden uns nun in der Innenwelt.

Wandaufbau und Pfeiler

Der Wandaufbau hat die für die Gotik typische Dreiteilung von Arkaden, Triforium und Obergaden. In jedem Joch befinden sich in der Arkadenzone (Erdgeschoss) jeweils ein Lanzettfenster, darüber im Triforium vier Rundbögen in Form von sogenannten Blendarkaden – „Blendung" daher, weil der optische Eindruck, es befände sich dahinter ein

Laufgang, täuscht – und darüber im Obergaden (Hochschiff) zwei Lanzettfenster mit einer kleinen Fensterrose.

Der Wandaufbau in Chartres variiert musikalisch die Oktave und schafft so ein harmonisches Verhältnis:

- 1 : 2 – eine kleine Fensterrose zu zwei Lanzettfenstern im Obergaden; ein Lanzettfenster im Erdgeschoss zu zwei Lanzettfenstern im Obergaden
- 2 : 4 – zwei Lanzettfenster im Obergaden zu vier Rundbögen im Triforium
- 1 : 4 (Doppeloktave) – ein Lanzettfenster im Erdgeschoss zu vier Rundbögen im Triforium

Schreiten wir weiter im Mittelschiff entlang, so vermittelt sich uns ein Gefühl von Leichtigkeit und rhythmischer Gliederung, ohne dass wir die Last der großen Mengen an Stein, die hier verbaut wurden, spüren. Dazu tragen im unteren Bereich vor allem die sogenannten kantonierten Pfeiler bei, die die beiden Seiten des Mittelschiffs säumen. Sie sind anders als in vielen Kathedralen gestaltet. Die Kerne der Pfeiler tragen das Mittelschiff, und die vier schlankeren Säulchen, die sie umgeben – die sogenannten Dienste – sind tragende Elemente verschiedener Gewölbebogen des Mittel- wie auch des Seitenschiffs. Die kantonierten Pfeiler sind in vielen anderen Kirchen einheitlich gestaltet und vermitteln daher im Innenraum ein Gefühl von Monotonie – nicht jedoch in Chartres. Schauen wir genau hin, so sehen wir, dass sich runde und eckige Pfeilerkerne abwechseln, wobei die runden Pfeilerkerne jeweils von achteckigen Diensten und die ackteckigen Pfeilerkerne von runden Diensten umgeben sind.

Diese gestalterische Abwechslung der Pfeiler belebt spürbar den Innenraum in der unteren Zone des Mittelschiffs und bewirkt ein dynamisches Formgefühl. Beim Durchschreiten des Mittelschiffs scheint sich der Raum leicht zusammenzuziehen und wieder zu öffnen – beinahe könnte man hier von „Atmen" sprechen.

Gänzlich anders sind die Vierungspfeiler gestaltet, die größer und gleichförmiger als die kantonierten Pfeiler sind und damit die Vierung als das „Herzstück" der Kathedrale optisch vom übrigen Raum trennen. Die monumentalen Vierungspfeiler bündeln jeweils an jeder Seite sieben Dienste, also insgesamt 28 Dienste pro Pfeiler. Dies steigert die Bedeutung der Vierung, die dadurch wie ein mitten im Raume stehender Baldachin wirkt (siehe Abb. auf der hinteren Seite des Bucheinbands).

Das Labyrinth

Das Labyrinth gehört zu den faszinierendsten Details im Inneren der Kathedrale und zieht viele Besucher an – die es jedoch häufig zuerst einmal übersehen. Sie laufen darüber, ohne es zu bemerken. Dadurch, dass es heute weitgehend mit Stuhlreihen zugestellt ist, bleibt es auf den ersten Blick unsichtbar, weil nur sein Innerstes im Mittelgang frei ist; das Innere liegt genau auf der Höhe des vierten kantonierten Pfeilers

4. Das Innere der Kathedrale

im Mittelschiff hinter dem Westportal. Wo heute der Eingang zum Labyrinth liegt, endete wahrscheinlich im 11. Jahrhundert die Fulbert-Basilika. Das Labyrinth ist darum so faszinierend, weil das Abschreiten seines Weges die Aktivität ins Spiel bringt: Der Besucher ist hier nicht nur passiver Betrachter, sondern kann es durch eigenes Tun erfahren und erleben. Da heute immer mehr Besucher der Kathedrale diesen Wunsch haben, wird es jetzt einmal wöchentlich von den Stuhlreihen befreit, so dass die Gelegenheit zum Abschreiten besteht.

Abb. 27: Das Labyrinth auf dem Fußboden der Kathedrale

Das Labyrinth

Das Wort „Labyrinth" ist eigentlich nicht zutreffend, denn es gibt nur einen einzigen verschlungenen Pfad, der ins Innerste führt; Sackgassen oder Irrwege, in denen man sich verlaufen und das Ziel verfehlen könnte, existieren nicht. Das Labyrinth ist ein uralter Archetyp des menschlichen Seelenweges, der in vielen vorchristlichen Kulturen bis in die Zeit des alten Ägyptens zurückverfolgt werden kann. Der griechischen Sage nach hauste im Innersten des Labyrinths von Kreta der Minotaurus, ein stierköpfiges Ungeheuer, dem alle neun Jahre sieben Jünglinge und Jungfrauen geopfert werden mussten, bis es Theseus gelang, ihn zu töten. Damit sich Theseus im Labyrinth nicht verirrte, hatte ihm seine Geliebte Ariadne einen Faden mitgegeben, den er den ganzen Weg lang abspulte, so dass er mühelos ins Zentrum und auch wieder hinaus fand. Theseus ist gewissermaßen der vorchristliche Sankt Georg; ebenso tritt der Erzengel Michael mit seinem Schwert als Drachentöter auf.

In der Sage vom Minotaurus wird allegorisch der Weg des Menschen zu sich selbst dargestellt: Das Bewusstsein, in der Mythologie durch Theseus verkörpert, kann nur mit Hilfe des Unbewussten, durch Ariadne, den Weg ins Seeleninnere finden. Dazu braucht es als Hilfe den Ariadnefaden, um sich nicht im Verstandesdenken zu verirren. Im Seeleninneren scheint sich ein Ungeheuer zu verbergen, das den unerlösten Seelenanteilen und den gebundenen Energien der unerledigten emotionalen Konflikte entspricht. Dieses Ungeheuer zieht dem Menschen Energien ab, symbolisiert durch das Fressen von Jünglingen und Jungfrauen. Ist das Monster besiegt – erreicht der Mensch das Zentrum des Labyrinths –, so wird er frei und im übertragenen Sinne wiedergeboren: Er gewinnt an Energie und Lebenskraft, weil er die männlichen Anteile (Jünglinge) und die weiblichen (Jungfrauen) harmonisch in sich integriert hat. Das Thema des „ungeheuerlichen" Verstandesdenkens, das sich leicht in seinen eigenen Windungen verirrt, wird auch an anderer Stelle an der Kathedrale von Chartres thematisiert, und zwar in Verbindung mit der spinnenden Sau (siehe Abb. 15, S. 81) wie auch mit der Dialektik, deren Haarschopf ein Drache ist (siehe Abb. 19, S. 88).

Im Inneren des Labyrinths von Chartres soll sich in früherer Zeit eine Kupferplatte mit der Abbildung von Theseus und dem Minotaurus befunden haben. Die Kupferplatte wurde während der Französischen Revolution eingeschmolzen und zum Kanonenbau verwendet. Lediglich die Bolzen, mit denen die Platte auf dem Stein befestigt war, sind bis heute übrig geblieben.

Labyrinthe waren Bestandteil der Architektur der Zisterzienser, die über Bernhard von Clairvaux auf Chartres Einfluss nahmen. Das Chartreser Labyrinth entstand 1210, und ihm folgten weitere in anderen gotischen Kathedralen. Der Ursprung der Labyrinthe in mittelalterlichen Kirchen liegt jedoch nicht in der Architektur, sondern in der Literatur. Die ältesten Handschriften mit Labyrinthdarstellungen stammen aus dem 9. Jahrhundert. Erstmalig ausgereift findet man die Form des Chartreser Labyrinths auf einem Deckblatt einer Handschrift aus dem 10. Jahrhundert des Pariser Klosters Saint-Germain-des-Prés. Viele der mittelalterlichen Labyrinthzeichnungen erscheinen in sogenannten „komputistischen" Handschriften, die der astronomischen Berechnung der Zeit und insbesondere des beweglichen Ostertermins dienten. Ostern ist am Sonntag nach dem ersten Frühlingsvollmond; um den Termin zu berechnen, muss man sowohl den Sonnenkalender (Frühlings-Tagundnachtgleiche am 21. März) als auch den Mondkalender (mit den Phasen Zunahme, Vollmond, Halbmond, Abnahme und Neumond) kennen und beide aufeinander abstimmen können.

Traditionell wurden Kirchenlabyrinthe wie dasjenige in Chartres eng mit dem Ostergeschehen in Verbindung gebracht. Im Mittelalter wurden darin rituelle Spiele aufgeführt, wobei ein Ball eine besondere Bedeutung hatte. Während Kleriker im Inneren des Labyrinths, begleitet von der Orgel, ein Osterlied sangen und sich im rhythmischen Dreierschritt bewegten, tanzte außen das Volk einen Reigen um das Labyrinth herum. Der Ball wurde zwischen den Klerikern und den Teilnehmern des Reigens hin- und hergeworfen. Die für heutige kirchliche Rituale ungewöhnliche Verbindung von Musik, Tanz, Rhythmus und Bewegung erlaubte es den Menschen, durch eigenes Tun auf zwanglose Weise die kosmischen Gesetzmäßigkeiten und Kräfte zu erfassen. Zu anderen Zeiten des Jahres wurde das Labyrinth im Mittelalter als Teil der Buße auf Knien abgeschritten.

In welcher Weise das Labyrinth genau für Kalenderberechnungen verwendet wurde, lässt sich heute nur noch bruckstückhaft rekonstruieren, indem wir uns seine Maße und Einteilungen anschauen. Das Labyrinth ist umgeben von einer Zackenbordüre, wobei jeder Quadrant 28 Zacken hat. Nach dem siderischen Mondkalender hat der Mondmonat 27,32 Tage, nach dem synodischen 29,53 Tage. Die hier verwendete

28 scheint eine Art „runden" Mittelwert darzustellen. Das Mondjahr hat 13 Monate à 27,3 Tage (= 354,9 Tage) oder 12 Monate à 29,53 Tage (= 354,36 Tage).

In den vier Quadranten des Labyrinths wird also ein lunares Vierteljahr nach dem siderischen Kalender abgebildet. Insgesamt hat das Labyrinth außen aber nicht 112 Zacken (= 28 x 4), sondern 113. Genaugenommen sind es sogar 114 Zacken, doch wurde die 114. für den Eingang im unteren Bereich ausgespart. Dividiert man 355, die aufgerundete Anzahl der Tage des Mondjahres, durch 113, so erhält man exakt die Kreiszahl π = 3,14159, die das Verhältnis zwischen Umfang und Durchmesser eines Kreises bestimmt. Möglicherweise ist dies der Grund dafür, dass dem Labyrinth die Form eines Kreises gegeben wurde.

Multipliziert man 28 mit 13, so ergibt dies 364 – also bis auf einen Tag genau die Anzahl der Tage des Sonnenkalenders, wobei der fehlende 365. Tag durch die ausgesparte Zacke angedeutet ist. Teilt man 114 durch die 6 „Blütenblätter", die im Inneren sichtbar sind, so erhält man die Zahl 19. Sie entspricht nach dem metonischen Zyklus der Anzahl der Jahre, nach denen die Mondphasen wieder zu denselben Tagen im Jahr zurückkehren.

Das Labyrinth scheint außer zum Mondkalender auch einen Bezug zu unserem Sonnensystem zu haben, wie man es sich im Mittelalter vorstellte: Es enthält 12 konzentrische Kreise, wenn man den innersten Kreis mitrechnet. Nach Makrobius, einem mittelalterlichen neoplatonischen Schriftsteller, der das Wissen der klassischen Antike in enzyklopädischer Form festhielt und wahrscheinlich in der Kathedralschule von Chartres bekannt war, stehen diese 12 Kreise von innen nach außen für folgende Planeten und kosmischen Gegebenheiten: Erde – Mond – Sonne – Merkur – Venus – Mars – Jupiter – Saturn – die 12 Tierkreiszeichen – die Weltseele – der Geist – Gott als das Eine. Es sind sicherlich noch viele weitere Zusammenhänge der Zeitrechnung im Labyrinth verschlüsselt, die heute jedoch in Vergessenheit geraten sind.

Natürlich wurde den Zahlen neben ihrer arithmetischen Aufgabe zur Berechnung des Kalenders auch eine symbolische Bedeutung beigemessen (siehe Kapitel „Die Bedeutung der Geometrie", ab S. 58). So ist die 13 die Überhöhung der kosmischen Fülle der 12; sie steht für Christus plus die 12 Apostel. Das Labyrinth hat 33 Windungen, wobei die 34. ins Innerste führt; analog dazu starb Jesus im 34. Lebensjahr. Die Wirkungszeit von Jesus wird mit 1183 Tagen angeben, eine Zahl, deren Quersumme 13 beträgt.

Das Labyrinth hat einen Längsdurchmesser von 12,30 Metern sowie einen Querdurchmesser von 12,455 Meter ohne und 13,015 Meter mit Zackenbordüre. Der innerste Kreis hat zusammen mit den sechs Blütenblättern einen Durchmesser von 2,942 Meter, alle übrigen Kreise ohne Bordüre jeweils rechts und links von der Mitte 4,756 Meter. Die Gesamtlänge des Weges beträgt 294 Meter, gemessen an den schwarzen Außenkanten der konzentrischen Kreise, und 261,5 Meter, gemessen in der Mitte des weißen Weges. In diesen Maßen ist wiederum vielfach der goldene Schnitt (φ = 1,618) verschlüsselt:

- 4,756 : 2,942 = 1,6165 = φ
- 12,455 : 4,756 = 2,618 = φ^2
- 261,5 : φ = 161,615 = φ x 100
- 294 : 4,756 = 61,81 = 0,618 x 100 = 1/φ x 100

Doch viel interessanter als alle Zahlen und Berechnungen ist es, das Labyrinth selbst abzuschreiten. Diese Erfahrung sollte jeder Chartres-Besucher wenigstens einmal für sich machen. Im Labyrinth lassen sich viele Parallelen zum eigenen Lebensweg mit seinen Irrungen und Wirrungen, seinen Unsicherheiten und Fehleinschätzungen, erkennen. Im rhythmischen Hin und Her des Labyrinthweges sind in der Anordnung der Wendungen in den Quadranten und der konzentrischen Kreise mehr Regelmäßigkeiten verborgen, als man beim Durchschreiten wahrnimmt – ganz so, wie der Mensch in seinem Leben häufig nicht bemerkt, dass die von ihm als Zufall gedeuteten Ereignisse kosmischen Gesetzmäßigkeiten unterliegen.

Die Chorschranke und Notre-Dame-du-Pilier

Die steinerne Schranke zwischen den Säulen um den Chor wurde zwischen 1514 und 1530 vom Architekten Jehan de Beauce errichtet. Sie sollte den Chorherren zu mehr Abgeschiedenheit von den Besuchern und Pilgern der Kathedrale verhelfen. Die Reliefs der Chorschranke wurden in mehreren Etappen zwischen 1519 und 1714 von verschiedenen Künstlern geschaffen.

Abb. 28: Auszug aus der Chorschranke, nähende Maria

Die Skulpturen haben einen ganz anderen Stil und Charakter als diejenigen an den drei Portalen. Sie weisen Züge von der Spätgotik bis zur Renaissance auf. Obwohl sehr kunstvoll gestaltet und in der Zierlichkeit der Formgebung eher an Goldschmiede- als an Steinmetzarbeiten erinnernd, fühlt man doch, dass der ursprüngliche Chartreser Impuls in ihnen verblasst ist – ebenso wie im 16. Jahrhundert auch das bildhaft-allegorische Denken zugunsten

Abb. 29: Auszug aus der Chorschranke, träumender Joseph

des begrifflich-abstrakten Verstandesdenkens schon weitgehend verblasst war. Es findet sich in den Reliefs der Chorschranke nicht mehr die konzentrierte und klare symbolische Aussagekraft, wie sie die Figuren der Portale auszeichnet, sondern mehr eine Verspieltheit und ein Detailreichtum, der den Blick auf das Wesentliche zuweilen zu verstellen scheint. 40 Szenen schildern in der Chorschranke das Leben von Maria bis zu ihrem Tod und ihrer Krönung im Himmel sowie das Leben Jesu von der Geburt bis zur Himmelfahrt, darunter Maria als Schwangere, wie sie näht (siehe Abb. 28, S. 116), und Joseph, wie ihm im Traum das Mysterium der Menschwerdung Christi angekündigt wird (siehe Abb. 29, S. 116).

Das heutige Zentrum der katholischen Frömmigkeit befindet sich im ersten Joch des Chorumgangs neben der Sakristei auf der nördlichen Seite (vom Königsportal aus gesehen links), wo eine Figur der *Notre-Dame-du-Pilier* („Unsere liebe Frau vom Pfeiler") in einer Nische aufgestellt und mit Kronen und Gewändern geschmückt ist. Die heutige Statue stammt aus dem 16. Jahrhundert und ersetzt die ursprüngliche aus dem 13. Jahrhundert, die ihren Platz am Hauptaltar hatte, wo seinerzeit auch der Reliquienschrein stand. *Notre-Dame-du-Pilier* ist die zweite schwarze Madonna neben der Birnbaumstatue in der Krypta (siehe Abb. 1, S. 14).

Die Glasfenster

Der Innenraum von Chartres vermittelt den ursprünglichsten Eindruck, den eine gotische Kathedrale geben kann, weil hier mehr Originalfenster des Mittelalters erhalten sind als in den weitaus meist gotischen Kirchen. Von über 180 Fenstern sind heute noch über 150 mit einer Gesamtfläche von über 2000 Quadratmetern vorhanden. Erst die durch die Glasfenster entstehende Farbsymphonie des Innenraumes lässt Chartres im Einklang mit der Architektur zu einer vollkommenen Ganzheit werden, so dass man die Fenster auch als die „Seele der Kathedrale" bezeichnen könnte.

Die Herstellung von Glasfenstern erreichte in der Gotik ihren Höhepunkt. Das Glas wurde produziert, indem man einen Teil Quarzsand mit zwei Teilen Pottasche (aus Farnkraut und Buchenholz) zum Schmelzen brachte, und zwar bei extrem hohen Temperaturen von mehr als 1500 Grad Celsius. Die Färbung erhielt das Glas durch verschiedene Metalloxyde, die beigemischt wurden: Mangan für Grün und Purpur, Eisen für Gelb, Kupfer für Rot und Kobalt für Blau. Farbliche Zwischentöne erreichte man durch Variationen der Menge und Schmelzdauer. Im Gegensatz zur Glaskunst späterer Jahrhunderte, in denen Bilder und Farben großflächig auf farblose Glasscheiben aufgemalt wurden, ging man im Mittelalter anders vor: Das bereits gefärbte Glas wurde mit glühendem Eisen entlang den vorher in Originalgröße auf Holz vorgezeichneten Bildformen ausgeschnitten und mit Bleiruten zusammengefügt. So folgt der Verlauf der Bleiruten exakt den Bildelementen. Lediglich Einzelheiten wie Gesichtszüge wurden auf die farbigen Bildfragmente aufgemalt und ins Glas eingeschmolzen.

Jedes Glasfenster in Chartres ist ein künstlerisches Einzelstück, das sich wiederum aus vielen einzelnen individuellen Teilen und Szenen zusammensetzt. Die Fenster von Chartres illustrieren auf vielfältigste Weise biblische Geschichten sowie Heiligenlegenden und entfalten eine bezaubernde Bilderwelt, die sorgfältig bis ins kleinste Detail – Gesichtszüge, Augen, Gewänder, Haar- und Barttracht eingeschlossen – jede der dargestellten Figuren einbezieht. Wenn auch, wie im Mittelalter üblich, nicht perspektivisch getreu, so erscheinen die Figuren, ihre Bewegungen und Gebärden doch lebensecht. Die übergroßen Augen, die so typisch sind für die Früh- und Hochgotik und die sich auch in der Buchmalerei der damaligen Zeit finden, verleihen den Figuren zuweilen etwas Kindlich-Reines und Anrührendes.

Insgesamt entfaltet sich in den Fenstern eine wahre Erzählkunst, die mit der Literatur durchaus vergleichbar ist. Selbst gleiche Themen werden in verschiedenen Fenstern auf unterschiedliche Weise in Szene gesetzt. Die Erzählkunst der Fenster entspricht ihrem mittelalterlichen Auftrag, der von Papst Gregor dem Großen wie auch von Abt Suger und anderen formuliert wurde: Die Glasfenster mögen denjenigen, die weder lesen noch schreiben können, zeigen, was sie glauben sollen.

Eine Besonderheit in Chartres ist die große Anzahl von Stiftern, die viele Fenster finanzierten. Nicht nur Könige, Adlige und Kleriker, sondern auch Handwerker und Händler traten als Stifter auf. Vielfach wurden auf geschickte Weise die biblischen Szenen mit Darstellungen der Stifter verbunden, wobei diese meist im unteren Bildrand zu sehen sind. Mehr als 20 verschiedene Gewerke lassen sich ausmachen, darunter, Maurer, Steinmetze, Zimmerleute, Schreiner, Wagner, Pelzmacher, Gerber, Schuhmacher, Sattler, Weber, Tuchhändler, Metzger, Bäcker, Fisch- und Gewürzhändler, Geldwechsler und Lastenträger; sogar Bauern, Glöckner und Apotheker tauchen als Stifter auf. So sind die biblischen Geschichten der Glasfenster auf Engste durchwoben vom bunten Treiben mittelalterlichen Stadtlebens.

Es ist aus Platzgründen nicht möglich, in diesem Führer die über 180 Glasfenster vollständig zu erläutern. Nur eine kleine Auswahl kann im Folgenden vorgestellt werden. Besuchern ist zu empfehlen, für die Betrachtung der Glasfenster ein Fernglas mitzunehmen, weil insbesondere die Bildelemente in großer Höhe mit dem bloßen Auge kaum erkennbar sind.

An der Westfassade befindet sich über dem Königsportal die *Westrose* und darunter ein Triptychon mit drei großen rundbogigen Fenstern (siehe Abb. 30, S. 121). Während das Triptychon zu den drei ältesten Fenstern Chartres' gehört und noch aus der Zeit des Fulbert-Baus stammt, wurde die Westrose erst im 13. Jahrhundert eingefügt. Sie zeigt das Jüngste Gericht, ein typisches Thema für die Westseite. Denn so wie im Westen die Sonne untergeht, so ist mit dem Jüngsten Gericht das Ende der Welt erreicht. Die Westrose scheint, wie aus dem Nichts kommend, im leeren Raum zu schweben – das Glas wirkt, als ob einzelne, auf einen dunklen Hintergrund gesetzte Edelsteine, locker ange-

4. Das Innere der Kathedrale

ordnet, aus dem Dunkel hervorleuchten. Dieser Eindruck entsteht dadurch, dass die Westrose im Gegensatz zu den beiden Rosen der Querportale keine äußere Fassung, keinen Rahmen, hat.

Abb. 30: Westrose (oben), mit 3 Fenstern darunter; im mittleren Fenster sitzt Maria mit Jesus in der Mandorla, rechts vergrößert abgebildet

Im Innersten der Rose sitzt Christus als Erlöser. Genau wie am Nordportal tritt er nicht als Richter in Erscheinung, sondern zeigt seine Wundmale. Aus seinen Händen fließt rotes Blut hinab. In den zwölf ovalen Fenstern um die Mitte sind links und rechts paarweise die Apostel abgebildet, oben die Cherubim und Abrahams Schoß, der als das Gegenstück zum Höllenschlund galt, unten in der Mitte der Erzengel Michael als Seelenwäger, links neben ihm die Auserwählten mit Engel und rechts die Verdammten mit Teufeln. In den Christus direkt zugewandten kleinen Fenstern im Inneren der Ovale befinden sich die vier Evangelisten und weitere Engel. In den äußeren Achtpässen findet man typische Darstellungen des Jüngsten Gerichts wie Posaunen blasende Engel und vom Tode Auferstehende.

Die **drei Fenster unterhalb der Westrose** (siehe Abb. 30, S. 121) zeigen wesentliche Elemente der christlichen Heilsgeschichte. Das linke Fenster thematisiert die Auferstehung, das mittlere die Menschwerdung Christi und das rechte die Wurzel Jesse. Diese Fenster sind – wie die meisten – nach archaischer Lesart bustrophedon zu lesen, das heißt, die Geschichten beginnen im untersten linken Fenster und bewegen sich dann in einer S-Kurve aufwärts.

Beginnen wir mit dem **rechten Fenster**, der **Wurzel Jesse**: Das Fenster zeigt den Stammbaum Jesu und verbindet das Alte mit dem Neuen Testament. Ganz unten wird der Stammvater Jesse als Schlafender, auf einem Bett liegend, dargestellt. Aus seinem Schoß wächst ein Baum heraus: der Stammbaum, aus dem Jesus hervorgehen wird. Dies bezieht sich auf die Aussage in Jesaja 11,1:

4. Das Innere der Kathedrale

„Und es wird hervorgehen ein Reis aus dem Stamm Jesses (Isais), und ein Zweig aus seinen Wurzeln Frucht bringen."

In jedem der mittleren aufsteigenden Quadranten des Fensters werden nun die Nachfahren Jesses, auf dem Baum sitzend, dargestellt: direkt über Jesse David, darüber Salomo und weitere nicht eindeutig identifizierbare Könige. Im sechsten Quadranten oberhalb von Jesse erscheint die Jungfrau Maria und zuoberst schließlich Jesus selbst als jüngster Spross. Jesus ist umgeben von sieben weißen Tauben, die nach Jesaja die Gaben des Heiligen Geistes symbolisieren: Weisheit, Einsicht, Rat, Kraft, Wissen, Frömmigkeit und Gottesfurcht. Es fällt auf, dass die Äste und Zweige des Baumes in ihrer Struktur den weiblichen Geschlechtsorganen ähneln: in der Mitte jeweils die knotenartig dargestellte Gebärmutter, auf der der betreffende Spross sitzt, und zu beiden Seiten jeweils Zweige, die in ihrer Formung an die Eierstöcke erinnern. Deutlich erkennbar, wird hier der Vorgang des Gebärens betont, womit das zentrale Thema von Chartres, die Wiedergeburt des Menschen, erneut aufgegriffen wird.

In der Mitte werden im Menschwerdungsfenster Geschichten aus dem Leben Jesu dargestellt. Es beginnt unten von links nach rechts mit der Verkündigung an Maria, der Heimsuchung und der Geburt. Weitere Stationen, wie die Verkündigung an die Hirten, die Darstellung im Tempel, die Ermordung der Kinder, die Flucht nach Ägypten, die Jordantaufe und der Einzug in Jerusalem, folgen. In der Spitze sitzt in einer Mandorla die Jungfrau mit Christus auf dem Schoß (siehe Abb. 30, S. 121), der seine Hand zum Segen erhebt, umgeben von zwei Engeln.

In den beiden obersten seitlichen Zwickeln an der Rundung sind die Sonne als männliches und der Mond als weibliches Wesen dargestellt, wie sie aus den Wolken kommen und sich Christus und Maria zuwenden. Damit wird auf die Harmonie der beiden Pole des Männlichen und Weiblichen hingewiesen.

Das linke Fenster der Auferstehung erzählt die letzten Stationen aus dem Leben Jesu. Dem Thema der Passion angemessen, gibt es jedoch keinen „krönenden" Abschluss an der Spitze, wie in den beiden anderen Fenstern der Westfassade; vielmehr bleibt das Ende der Geschichte offen. In den einzelnen Medaillons wird unter anderem das Abendmahl gezeigt, wobei Johannes an der Brust von Jesus liegt. Vor dem Tisch, deutlich getrennt von den übrigen Jüngern, sitzt Judas. Daneben wird die Fußwaschung dargestellt (siehe Abb. 31): Umgeben von den Aposteln kniet Jesus vor Petrus nieder und wäscht seine Füße. In der vierten Reihe von unten (linke und rechte Seite) finden sich zwei der ganz wenigen Kreuzesdarstellungen in der Kathedrale: Links hängt Jesus am Kreuz, ohne

Abb. 31: Auszug aus dem linken Fenster unterhalb der Westrose, Abendmahl und Fußwaschung

Dornenkrone, rechts wird er abgenommen. Das Kreuz hat eine leuchtend grüne Farbe und ist rot umrandet. Sieht man, dass Jesus im weiteren Verlauf als Auferstandener mit einem grünen Gewand bekleidet ist, so hat dies eine besondere Bedeutung: Das Grün steht symbolisch für das Leben, das Kreuz für den Lebensbaum. Die sonst in Kirchen übliche Symbolik der Kreuzdarstellung als Zeichen des Todes wird hier also vermieden zugunsten eines erneuten Hinweises auf die Wiedergeburt. – Zuoberst wird im Fenster der Gang nach Emmaus und das Emmausmahl dargestellt.

Die beiden Fensterrosen an den Querhausportalen greifen exakt dieselben Themen auf, die auch in den Skulpturen an den Portalen behandelt werden. So steht am Nordportal ebenso wie an der **Nordrose** der Bund des Alten Testaments bis zur Geburt Jesu im Mittelpunkt (siehe Abb. 32, S. 127). Und so, wie Anna mit Maria auf dem Arm, ein Buch in der Hand haltend, am Mittelpfeiler des Nordportals außen an der Kathedrale zu sehen ist, so ist sie hier im mittleren Lanzettfenster unterhalb der Rose abgebildet. Das Besondere in der Form der Rose liegt in den Rauten, die dem Fenster im Unterschied zur West- und zur Südrose insgesamt eine ungewohnt eckige Anmutung verleihen. In der Mitte der Nordrose sitzt Maria, die Christus auf dem Arm hält. Im Kranz der zwölf um die Mitte gruppierten Fenster befinden sich vier weiße Tauben des Heiligen Geistes sowie acht Engel. In den Rauten und den äußeren Halbkreisen sind 12 Könige des Alten Testaments mit 12 Propheten abgebildet.

In den **fünf Lanzettfenstern unterhalb der Rose** befindet sich links der ebenfalls am Nordportal dargestellte Melchisedek mit einem Kelch und einer Krone oder Tiara auf dem Haupt. Unter ihm wie auch unter den anderen Figuren der Lanzettfenster sind jeweils Gegenspieler oder „Antichristen" dargestellt. Unter Melchisedek ist es Nebukadnezar, der ein Götzenbild anbetet. Links daneben befindet sich König David mit einer zehnsaitigen Harfe, unter ihm König Saul, der sich ins Schwert stürzt.

Rechts neben Anna ist König Salomo mit einem Szepter dargestellt, unter ihm sein Nachfolger Jeroboam, wie er goldene Kälber anbetet. Ganz rechts befindet sich Aaron, der ebenso wie Petrus am Nordportal die Brustplatte (Ephod) der alttestamentlichen Hohepriester mit den zwölf Edelsteinen für die Stämme Judas trägt. Die Brustplatte enthält genau wie die Nordrose über Eck gestellte Quadrate, Kreise und Halbkreise. Diese Ähnlichkeit in der Formgebung könnte beabsichtigt sein: Sie lässt die gesamte Nordrose wie das Hoheitszeichen der Priester des Alten Testaments erscheinen. Bei genauer Betrachtung ist erkennbar, dass die Brustplatte Aarons genau in der Mitte zusätzlich einen 13. runden smaragdgrünen Edelstein enthält, mit dem – verbunden mit dem grünen Zweig in Aarons rechter Hand – auf die Frucht Marias, also Christus, hingewiesen wird. Analog befindet sich Maria mit Christus im Innersten der Nordrose. Unterhalb von Aaron ist sein Verfolger, der Pharao, dargestellt, wie er sich Hals über Kopf vom Pferd in die Wogen des Roten Meeres stürzt.

4. Das Innere der Kathedrale

Abb. 32: Nordrose mit fünf Lanzettfenstern darunter (in der Mitte Maria mit Jesus auf dem Arm, siehe Bucheinband vorne)

Auffällig ist, wie häufig die capetingische Königslilie (gelb auf blauem Untergrund) abgebildet ist. Das französische Königshaus trat als Stifter der Fenstergruppe auf; offensichtlich sollte betont werden, dass es legitimer Nachfolger des biblischen Königtums sei.

Genau gegenüber der Nordrose liegt die Südrose (siehe Abb. 33, S. 129), in der entsprechend zum Südportal Christus und das Neue Testament thematisch dominieren. In der Mitte sitzt Christus auf einem Smaragdthron, seine rechte Hand ist zur segnenden Geste erhoben, seine Linke hält den Kelch des Abendmahls. Er ist umgeben von acht Engeln und den vier Evangelisten Matthäus, Markus, Lukas und Johannes. In den äußeren Kreisen und Halbkreisen sind die 24 Ältesten dargestellt, die jeweils mittelalterliche Musikinstrumente in der Linken und goldene Schalen mit Weihrauch in der Rechten halten.

Im mittleren der fünf Lanzettfenster unterhalb der Südrose ist Maria mit Christus auf dem Arm zu sehen. Sie trägt eine edelsteinbesetzte Krone und ein Szepter in der Rechten. Über ihr ist das Neue Jerusalem abgebildet. In den jeweils zwei Fenstern links und rechts der Mitte sind die vier Evangelisten zu finden, die auf der Schulter von Propheten sitzen. Ganz links ist Lukas auf den Schultern von Jeremias dargestellt, rechts daneben Matthäus auf den Schultern von Jesaja. Rechts von Maria trägt Ezechiel Johannes auf den Schultern und ganz rechts Daniel den Evangelisten Markus.

4. Das Innere der Kathedrale

Abb. 33: Südrose mit fünf Lanzettfenstern; segnender Jesus in der Mitte der Rose rechts vergrößert dargestellt

In der Südrose finden sich analog zur Nordrose an denselben Stellen Hinweise auf die Stifter: In den Vierpässen der Rose und unterhalb des mittleren Lanzettfensters ist ein blau-gelbes Würfelmuster zu erkennen, das Wappen von Pièrre Mauclerc, Graf von Dreux und Herzog der Bretagne, dessen Familie das zwischen 1223 und 1226 entstandene Fensterensemble stiftete. In den beiden äußersten Lanzettfenstern sind ganz unten die Kinder des Grafen zu sehen, im zweiten Fenster von links seine Ehefrau und im vierten Fenster Pièrre Mauclerc selbst.

In der Westwand des südlichen Querschiffs befindet sich das **Fenster des Heiligen Apollinaire** (siehe S. 105 und Abb. 34, S. 131). Die beiden unteren Zeilen des Fensters enthalten eine farblose Grisaillenmalerei, die wahrscheinlich erst lange nach der Entstehung eingesetzt wurde.

Apollinaire soll von Petrus nach Ravenna geschickt worden sein und wirkte dort als Bischof, bevor er als Märtyrer starb. In den ersten fünf Zeilen oberhalb der Grisaille werden Szenen aus seinem Leben gezeigt: Er heilt den blinden Sohn eines Gastgebers, befreit die Frau des Militärherrschers von einer tödlichen Krankheit, befreit ein Kind von einem Dämon und reist auf einem Schiff ins Exil. Als er nach drei Jahren zurückkehrt, wird er am Stadttor von Ravenna von Heiden erschlagen, schließlich aufgebahrt und von seiner Gemeinde betrauert.

Die darüberliegenden drei Fensterzeilen haben ein ganz anderes Thema, nämlich die neun Engelchöre, die ebenfalls am Südportal dargestellt sind. Ganz oben sitzt Gott (oder Christus), der in der linken Hand die Weltkugel trägt und mit der Rechten segnet.

Im rechten Ornamentrand des Fensters brach 1710 der Kleriker Claude Estienne ein kleines Loch hinein, durch das zur Sommersonnenwende mittags ein Licht auf einen am Boden befestigten Messingzapfen fiel und ihn aufleuchten ließ.

4. *Das Innere der Kathedrale*

Abb. 34: Ausschnitt aus dem Fenster des Hl. Apollinaire (Engelhierarchie)

Vermutlich gehörten zu dieser „Sonnenuhr" früher noch weitere Bezugspunkte auf dem Fußboden, die aber mittlerweile entfernt wurden. Es ist diesem astronomischen Messinstrument jedoch keine große Bedeutung beizumessen, zumal das nachträgliche Herausbrechen von Glas aus einem kunstvoll geschaffenen Fenster keine besondere Leistung und auch keine „elegante" Form der Zeitmessung ist. Im Vergleich dazu haben die Ausrichtung des gesamten Kirchenschiffs (siehe ab S. 66) und das Labyrinth als Mondkalender sicher eine höhere astronomische Wertigkeit.

Im zweiten Fenster des Chorjoches auf der Südseite befindet sich eines der ältesten Glasfenster der Kathedrale: **Notre-Dame-de-la-Belle-Verrière**, die „Jungfrau vom schönen Fenster" (siehe Abb. 35, S. 133). Genau genommen, stammt nur der Teil des Bildes, der die Madonna mit dem Kind und der Geisttaube über dem Haupt auf rotem Hintergrund zeigt, aus der Zeit vor 1194, während die übrigen Glasscheiben rundherum wahrscheinlich im 13. Jahrhundert ergänzt wurden. Das Fenster ist relativ genau östlich ausgerichtet und wird daher die meiste Zeit des Jahres von der Morgensonne beschienen; symbolisch wird Maria mit der Morgenröte gleichgesetzt, die Christus, der Sonne des Südens, vorausgeht.

In der untersten Bildzeile wird gezeigt, wie Jesus dreimal von Teufeln versucht wird. Ganz links fordert der Teufel ihn auf, Stein in Brot zu verwandeln, um zu demonstrieren, dass er von Gott gesandt ist. Seine Antwort darauf lautet bekanntlich: „Der Mensch lebt nicht vom Brot allein" (Matth. 4,4). In der nächsten Bildzeile wird die Hochzeit von Kana dargestellt. Ganz rechts weist Maria Jesus darauf hin, dass der Wein zur Neige geht, woraufhin dieser Wasser in Wein verwandelt. Hier entsteht nun ein Zusammenhang mit den vorhergehenden Versuchungen: Jesus weigerte sich, Steine in Brot zu verwandeln, kommt aber der Aufforderung nach, Wasser in Wein zu verwandeln. Worin besteht der

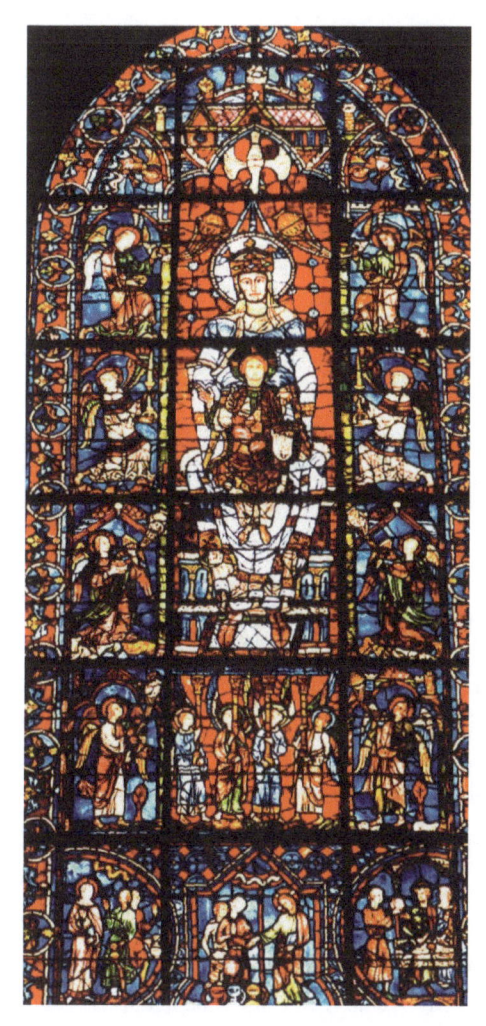

Abb. 35: Oberer Teil des Fensters Notre-Dame-de-la-Belle-Verrière

Unterschied? Offensichtlich geht es nicht um das Materielle beziehungsweise um die Umwandlung einer Substanz in eine andere, sondern darum, aus welchem Geist heraus dies geschieht. Die Verwandlung von Wasser in Wein geschah in reiner Absicht, dargestellt durch die Jungfrau Maria.

Diese nimmt übergroß den mittleren Teil des Glasfensters ein; sie hält den segnenden Jesus auf dem Arm, der in seiner linken ein aufgeschlagenes Buch in den Händen hält, in dem nach Lukas (3,5) zu lesen ist: *Omnis vallis implebitur* – „Jedes

Tal wird aufgefüllt werden." Erneut wird damit Bezug genommen auf die Fülle, die aus dem reinen Geist – dargestellt durch die Taube des Heiligen Geistes über dem Kopf von Maria – entsteht.

In einem allgemeineren Sinne gilt die Jungfrau hier nicht nur als Mutter von Jesus, sondern auch als Mutter Natur und damit als Quelle der Fruchtbarkeit und des Lebendigen. Als *Natura* wurde sie im 12. Jahrhundert von einigen Gelehrten der Schule von Chartres gesehen: Sie ist es, die die Täler mit Leben erfüllt, indem sie Menschen und Tieren Nahrung gibt. – Zu beiden Seiten Marias und unterhalb von ihr befinden sich Engel, wobei die vier Engel zu ihren Füßen sie anscheinend auf Säulen tragen wie ein Kultbild in einer Prozession.

Ausklang von Chartres – Einklang für den Menschen von heute

Es gibt eine merkwürdige Koinzidenz in der Geschichte von Chartres: Derselbe Bischof, der den Untergang der Kathedralschule besiegelte, initiierte 1194 den Neubau der gotischen Kathedrale, der heutigen „fünften" Kirche am Ort. Bischof Regnault de Mouçon vernachlässigte die Schule, weil ihm der Kampf gegen die Katharer und seine Teilnahme am Kreuzzug gegen die Albigenser, bei dem er selbst eigene Truppen anführte, wichtiger war. Und dennoch war er es, der nach dem großen Brand 1194 die Bevölkerung für den Wiederaufbau des Gotteshauses begeisterte.

4. Das Innere der Kathedrale

Geblieben ist uns bis heute eine Kathedrale, aus der eine geistige Fülle voller Symbolkraft spricht – eine Welt, die wir wieder in uns lebendig werden lassen können, wenn wir dafür offen sind. Die künstlerisch reiche Bilderwelt Chartres' mit ihrer harmonischen Architektur steingewordener Musik und ihrer beredten Symbolik der Skulpturen und Glasfenster verweist uns zentral auf eines: die Selbstwerdung des Menschen und seine Wiedergeburt auf einer höheren geistigen Ebene.

Sie zeigt uns, was wir in der heutigen Zeit nur allzu oft vergessen haben: Wir kommen aus höheren geistigen Sphären und werden nach unserem hiesigen Leben auch wieder dorthin zurückkehren. Die hohen Energien der Kathedrale bringen uns in Verbindung mit unserem geistigen Ursprung wie auch mit dem Ziel unseres Seins. Wir selbst entscheiden, ob wir uns davon verwandeln und emporheben lassen wollen.

5. Anhang

Dämonen als Wasserspeier an der Westfassade

Literatur

Charpentier, Louis: *Die Geheimnisse der Kathedrale von Chartres.* Köln: Gaia Verlag, 14. Aufl. 1997.

Clerval, A.: *Guide Chartrain. Chartres: Sa Cathédrale – Ses Monuments.* Chartres: Imprimerie Durand, 1927.

Critchlow, Keith / Jane Carroll / Llewylyn Vaughn Lee: „Chartres Maze – a model of the universe?" In: *Architectureal Association Quarterly* 5/1973, S. 11-20.

Dehio, Georg / Gustav Bezold: *Die kirchliche Baukunst des Abendlandes.* Textbände 1 und 2. Bildbände 1 bis 5. Hildesheim: Olms, 1969 (Reprint von 1892 ff.).

Halfen, Roland: *Chartres – Schöpfungsbau und Ideenwelt im Herzen Europas. Bd. 3: Architektur und Glasmalerei.* Stuttgart: Mayer, 2007.

Heyer, Karl: *Das Wunder von Chartres.* Stuttgart: Mellinger, 3. Aufl. 1956.

Houvet, Etienne: *Die Kathedrale von Chartres.* Auszug aus dem von der Académie des Beaux-Arts preisgekrönten Werk des Verfassers. Chartres: Editions Houvet-La Crypte, o.J.

Hummel, Charles: *Pythagoras und die Meister von Chartres.* Schriften über Harmonik, Bd. 24. Bern: Kreis der Freunde um Hans Kayser, 1998.

Klug, Sonja Ulrike: *Zauberer des Zirkels. Die Frage nach den Bauplänen des Mittelalters.* Oppenheim: Nünnerich-Asmus Verlag, 2020.

Klug, Sonja Ulrike: *Kathedrale des Kosmos. Die heilige Geometrie von Chartres.* Bad Honnef: Kluges Verlag, 3. Aufl. 2008.

Klug, Sonja Ulrike: *Chartres – der Kathedral-Führer. Geschichte, Architektur, Schule, Skulpturen, Labyrinth und Glasfenster der französischen Kathedrale.* Bad Honnef: Kluges Verlag, 2007.

Klug, Sonja Ulrike: „Die Kathedrale von Chartres – Das Heilige Zentrum und die Blume des Lebens. In: *Zeitschrift für Radiästhesie* (München) 54 (2002), Nr. II, S. 1-10.

Klug, Sonja Ulrike: „Geld der Gotik. Wie die kulturelle Blüte des Mittelalters finanziert wurde." In: *Matrix 3000* (Peiting, Deutschland), Sept./Okt. 2006, S. 54-57.

Kurmann-Schwarz, Brigitte / Kurmann, Peter: *Chartres. Die Kathedrale.* Regensburg: Schnell und Steiner, 2001.

Ladwein, Michael: *Chartres. Ein Führer durch die Kathedrale.* Stuttgart: Urachhaus, 1998.

Mâle, Émile: *Notre Dame de Chartres.* Tübingen: Wasmuth, 1983.

Mayr, Robert: „Mit dem Szintillationszähler und der Rute auf den Spuren der Kelten." *www.rom-elektronik.com/daten.pdf/IRLAND/pdf.* 24. Mai 1999.

Merlet, René: *La Cathédrale de Chartres.* Paris: Henri Laurens, o.J. (ca. 1912).

Merz, Blanche: *Orte der Kraft. Stätten höchster kosmo-terrestrishcer Energie.* Aarau: AT Verlag, 2. Aufl. 1999.

Müller, Hans-Egon: *Notre-Dame von Chartres – Über Sinn und Geist der gotischen Architektur.* Bad Saarow: Eigenverlag, 2003.

Richter, Gottfried: *Chartres. Idee und Gestalt der Kathedrale.* Stuttgart: Urachhaus, 1958.

Sauerländer, Willibald: *Das Königsportal in Chartres. Heilsgeschichte und Lebenswirklichkeit*. Frankfurt: Fischer, 1996.

Schröder, Benita von: *Das Mysterium von Chartres. Bild- und Kompositionsgeheimnisse der Portale und Glasmalereien*. Stuttgart: Urachhaus, 2. Aufl. 2000.

Tezmen-Siegel, Jutta: *Die Darstellungen der septem artes liberales in der Bildenden Kunst als Rezeption der Lehrplangeschichte*. München: tuduv, 1985.

Bildnachweise

Alle Fotografien, Abbildungen und Zeichnungen bis auf die nachfolgend genannten stammen von der Autorin. Sämtliche Rechte beim Kluges Verlag. Verwendung nur mit ausdrücklicher Genehmigung des Verlags.

- S. 9, S. 28 (Abb. 5): André de Micy, Obituarium der Kathedrale von Chartres, frühes 11. Jhrt., https://de.wikipedia.org/wiki/Fulbert_von_Chartres#/media/Datei:Fulbert_de_Chartres.jpg
- S. 23 (Abb. 3): Merlet, ca. 1912
- S. 46 (Abb. 7): Richter 1958
- S. 49: Pierre-Yves Beaudouin/Wikipedia (CC)
- S. 52 (Abb. 9): Antoine Meissonnier/Wikipedia (CC)
- S. 78 (Abb. 13): Dehio/Bezold 1892/1969
- S. 80 (Abb. 14): Vassil/Wikisource
- S. 124 (Abb. 31): Clerval 1927

Über die Autorin

Dr. Sonja Ulrike Klug ist freie Schriftstellerin und Unternehmenspublizistin. Sie befasst sich seit über 20 Jahren mit dem Kathedralenbau und hat zahlreiche Fachartikel und Bücher geschrieben, nicht nur über historische Themen. Ihr Werk *Kathedrale des Kosmos* wurde in mehrere Sprachen übersetzt und befasst sich in erzählerischer Form mit der „heiligen" Geometrie von Chartres. Daneben hat sie *Chartres – der Kathedral-Führer* publiziert. In ihrem Buch *Zauberer des Zirkels* befasst sie sich mit der Kultur- und Entstehungsgeschichte mittelalterlicher Baupläne und dem Wissen der Baumeister.

Die Autorin hält auf Wunsch Vorträge über die Kathedrale von Chartres.

Kontakt: info@buchbetreuung-klug.com

Empfehlenswerte Bücher

Sonja Ulrike Klug:

**Zauberer des Zirkels.
Die Frage nach den Bauplänen des Mittelalters**

Nünnerich-Asmus Verlag
ISBN 978-3-961761-21-0

160 S., mit zahlr. Farbabb., 25 EUR

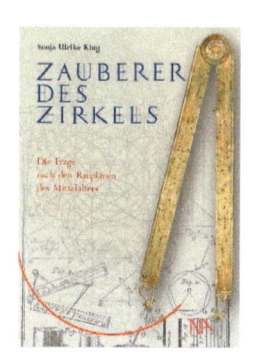

Nach Aussagen vieler Historiker sollen im Mittelalter für die Planung der Kirchen Architekturzeichnungen angefertigt worden sein. In Wahrheit wurden aber nur relativ wenige Baupläne gefunden. Wo ist die Mehrheit der Zeichnungen abgeblieben? Sind tatsächlich Tausende von Plänen in Europa vernichtet worden oder verloren gegangen? Oder hat es sie vielleicht gar nicht gegeben? Die Autorin unternimmt eine spannende kulturgeschichtliche Spurensuche: Sie prüft die Verfügbarkeit von Pergament und Papier im Mittelalter, verfolgt die Alphabetisierung in Europa und beschreibt die Entwicklung des zeichnerischen Könnens der Baumeister vom Mittelalter bis zur Renaissance.

„Das Buch ist verständlich und unterhaltsam geschrieben. Klug argumentiert eloquent und mit vielen Zitaten und Beispielen, die ihre Gedankengänge nachvollziehbar machen." (Blog-Histofact, 28.9.2020)

„Die Mischung aus unterhaltsamer, teils humorvoller Lesbarkeit und sehr sorgfältiger Belegung jeder Argumentationslinie mit seriösen Quellen hat mir sehr gut gefallen. Hier ist jemand nicht nur klug, sondern auch gründlich und dabei menschlich-einfühlsam." (Online-Rezensent)

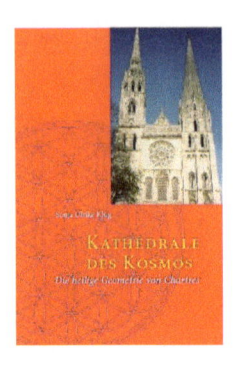

Sonja Ulrike Klug:

Kathedrale des Kosmos.
Die heilige Geometrie von Chartres.

Kluges Verlag
ISBN 978-3-9810245-1-7

3. Auflage, 248 S., mit zahlr. Farbabb., 24,80 EUR

Wie ein stummer Zeuge verlorener menschlicher Größe und vergessenen Wissens birgt die Kathedrale von Chartres kosmische Weisheiten in sich. Wo spiegeln sich in ihren Maßen die Proportionen der heiligen Geometrie mit der Blume des Lebens und der Harmonik? Welche Rolle spielten die Tempelritter bei ihrer Erbauung, welche die Tafeln des heiligen Grals im Kircheninneren? Welche Bedeutung hatte die Schule von Chartres? Überaus spannend erzählt die Autorin, wie sich ihr die Geheimnisse von Chartres nach und nach eröffnen.

„Sonja U. Klug bietet faszinierende Antworten. Spannender kann man über Architektur kaum schreiben." (Welt am Sonntag, 18.3.2001)

„Nach der Lektüre sieht der faszinierte Leser die Gotik mit anderen Augen. Am liebsten möchte er eintauchen in die rätselhafte Welt der Tempelritter und gotischen Baumeister, zu der ‚Kathedrale des Kosmos' der Schlüssel ist." (MATRIX 3000, 9/2006)

Printed in Poland
by Amazon Fulfillment
Poland Sp. z o.o., Wrocław